Ausführliches Verzeichnis der

Guttentagschen Sammlung

Deutscher Reichs- und Preußischer Gesetze

— Textausgaben mit Anmerkungen; Taschenformat —,

welche alle wichtigeren Gesetze in unbedingt zuverlässigen Gesetzestexten und in mustergültiger Weise erläutert enthält, befindet sich hinter dem Sachregister.

Guttentag'sche Sammlung
Nr. 125. Deutscher Reichsgesetze. Nr. 125.
Textausgaben mit Anmerkungen.

Das Gesetz
über den
vaterländischen Hilfsdienst
vom 5. Dezember 1916.

Mit Ausführungsbestimmungen,
einer Einleitung, den amtlichen Materialien
und einem Sachregister.

Dritte vermehrte und ergänzte Auflage.

Berlin 1917.
J. Guttentag, Verlagsbuchhandlung,
G. m. b. H.

Inhaltsübersicht.

		Seite
	Einleitung	7
I.	Gesetz, betreffend den vaterländischen Hilfsdienst. Vom 5. Dezember 1916 (RGBl. S. 1333)	15
II.	a) Der erste Entwurf (Regierungsentwurf, Reichst.-Drucks. Nr. 509)	31
	b) Begründung zu dem Regierungsentwurf . . .	32
	c) Richtlinien für die Ausführung des Gesetzes . .	37
	d) Der Entwurf nach den Beschlüssen des Reichstagsausschusses (Reichst.-Drucks. Nr. 532)	41
III.	Ausführungsbestimmungen	51
	1. Bekanntmachung, betreffend Übergangsbestimmungen zu den §§ 9 und 10 des Gesetzes über den vaterländischen Hilfsdienst. Vom 21. Dezember 1916 (RGBl. S. 1410)	51
	2. Bekanntmachung, betreffend Bestimmungen zur Ausführung des Gesetzes über den vaterländischen Hilfsdienst. Vom 21. Dezember 1916 (RGBl. S. 1411)	52
	3. Bekanntmachung, betreffend Bestimmungen zur Ausführung des Gesetzes über den vaterländischen Hilfsdienst. Vom 30. Januar 1917 (RGBl. S. 85)	57
	4. Bekanntmachung, betreffend Bestimmungen zur Ausführung des § 7 des Gesetzes über den vaterländischen Hilfsdienst. Vom 1. März 1917 (RGBl. S. 202)	61
IV.	Anweisung über das Verfahren bei den auf Grund des Hilfsdienstgesetzes gebildeten Ausschüssen. Vom 30. Januar 1917 (RGBl. S. 87)	67

Seite
V. Rechtsschutz und Wochenhilfe 78
1. Bekanntmachung über den Schutz der im vaterländischen Hilfsdienst tätigen Personen. Vom 3. Mai 1917 (RGBl. S. 392) 78
2. Bekanntmachung über Wochenhilfe aus Anlaß des vaterländischen Hilfsdienstes. Vom 6. Juli 1917 (RGBl. S. 591) 79
VI. Versicherung 88
1. Verordnung über Versicherung der im vaterländischen Hilfsdienst Beschäftigten. Vom 24. Februar 1917 (RGBl. S. 171) 88
2. Bekanntmachung über die Invaliden- und Hinterbliebenenversicherung der im vaterländischen Hilfsdienst Beschäftigten. Vom 4. Juni 1917 (RGBl. S. 472) 98
3. Bekanntmachung über die Bestimmung von Ausführungsbehörden und den Erlaß von Bestimmungen zur Durchführung der Unfallversicherung von Tätigkeiten im vaterländischen Hilfsdienst im Ausland. Vom 2. Juni 1917 (RGBl. S. 479) 99
4. Bekanntmachung über Angestelltenversicherung der im vaterländischen Hilfsdienst Beschäftigten. Vom 25. Mai 1917 (RGBl. S. 435) 101
VII. Bekanntmachung, betreffend Ausdehnung des Gesetzes über den vaterländischen Hilfsdienst auf Angehörige der österreichisch-ungarischen Monarchie. Vom 4. April 1917 (RGBl. S. 317) 105
VIII. Richtlinien des Kriegsamts für die stellvertretenden Generalkommandos und übrigen militärischen Stellen 106
Sachregister 111

Einleitung.

Seit langem ist kein wichtigeres und in die bürgerlichen Verhältnisse mehr einschneidendes Gesetz erlassen worden als das Gesetz über den vaterländischen Hilfsdienst. „Das Gesetz schafft neues Recht für die Heimat", sagte Staatssekretär Dr. Helfferich im Reichstag, „aber hinter seinen Paragraphen rollt der Donner der Sommeschlacht. Heimat- und Feldheer reichen sich in diesem Gesetz die Hand in unauslöslichem Bund zu Kampf und Sieg. Neben die allgemeine Wehrpflicht tritt mit diesem Gesetz die allgemeine Pflicht zum vaterländischen Hilfsdienst, neben die kämpfende Truppe tritt die organisierte Heimarmee."

Ein solches Gesetz, wie es die Regierung gedacht hatte in der Form eines weiten aber sehr kurzen Mantels von vier Paragraphen zu fassen und alles andere den Richtlinien und den Ausführungsbestimmungen des Bundesrats zu überlassen, fand nicht die Billigung des Reichstags. So sehr das ganze Volk und alle Teile der verschiedenen Körperschaften Kern und Absichten dieses Gesetzes guthießen und mit der Begeisterung aufnahmen, die einer großen Notwendigkeit zukommt, mochte der Reichstag doch nicht darauf verzichten, daß festere Sicherung für die Durchführung des gesetzgeberischen Gedankens gegeben und in dem Gesetz selbst ausgedrückt werde. So wurde aus dem Gesetzentwurf, der am 24. November 1916 vom Reichskanzler nach den Beschlüssen des Bundesrats dem Reichstag vorgelegt war (Reichstagsdrucksache Nr. 509) und der nur vier Paragraphen umfaßte, bereits in der Beratung des Reichstagsausschusses ein Gesetzentwurf vom 30. November 1916 von 18 Paragraphen. (Reichstagsdrucksache Nr. 532). Nach den Beschlüssen des Reichstags in zweiter Beratung kam dann noch ein § 13a (Vereins- und Versammlungsrecht) und ein § 14b (Ausschuß der landesgesetzlichen Gesindeverordnung) hinzu.

Über den Werdegang, den das Hilfsdienstgesetz bis dahin durchlaufen hatte, seien hier noch folgende Angaben gemacht:

Am 1. November 1916 wurde durch Allerhöchste Kabinettsorder das Kriegsamt beim Königlich Preußischen Kriegsministerium errichtet. Nach dem Schlusse der Reichstagstagung am 4. November wurden sofort die Verhandlungen über die Gestaltung der Hilfsdienstpflicht zwischen dem Kriegsamte und dem Reichsamt des Innern aufgenommen; schon in diesem ersten Stadium der Vorbereitung fanden im Reichsamt des Innern eingehende Besprechungen über die geplante Regelung mit Vertretern der Arbeitgeber und der Arbeitnehmer statt. Am 14. November konnte der Gesetzentwurf nebst den Richtlinien für die Ausführungsbestimmungen dem Bundesrate vorgelegt werden; am

21. November erhielten Entwurf und Richtlinien die Zustimmung des Bundesrats. Am folgenden Tage fand im Reichsamt des Innern unter dem Vorsitze des Staatssekretärs des Innern eine Beratung mit dem Präsidium und den Fraktionsvorständen des Reichstags statt, nachdem die Fraktionsführer bereits vorher durch den Staatssekretär in Einzelbesprechungen über Inhalt und Zweck des Gesetzentwurfs unterrichtet worden waren. Unmittelbar darauf, am 23. November, begann der Haushaltsausschuß des Reichstags die Beratung des Entwurfs; am 25. November beendete er die Generaldebatte. Am Sonntag, den 26. November, wurden bis zum späten Abend interfraktionelle Besprechungen unter Beteiligung des Staatssekretärs des Innern und des Generalleutnants Groener abgehalten. In einer darauf folgenden Nachtsitzung befaßte sich das preußische Staatsministerium mit der durch das Ergebnis der Ausschußberatung geschaffenen Lage. Am folgenden Vormittag (27. November) lag dem Ausschuß ein neuer Gesetzentwurf vor, der im Reichsamte des Innern auf Grund der Ausschuß- und Fraktionsberatungen ausgearbeitet worden war. Er fügte den wesentlichsten Teil der Richtlinien dem Gesetze ein und erweiterte seinen Inhalt durch die Bestimmungen über Arbeiterausschüsse und Schiedsstellen. Am 27. und 28. November beriet der Ausschuß den neuen Entwurf. Am Mittwoch, den 29. November, fand die erste, am Donnerstag, den 30. — in zwölfstündiger Sitzung —, die zweite, am

Sonnabend, den 2. Dezember, die dritte Lesung des Gesetzes im Reichstagplenum statt.

Die Bestimmungen, die so aus dem Gesetz von vier Paragraphen ein solches von 18 Paragraphen gemacht haben, stammen also zu einem großen Teil aus den von der Regierung gegebenen Richtlinien (Reichstagsdrucksache Nr. 509, S. 5 u. 6). Andere Bestimmungen sind aus dem Schoße des Reichstagsausschusses selbst hervorgegangen. Diese neuen Einfügungen umfassen die §§ 4—16 vollständig und enthalten außerdem Erweiterungen des § 17, der an Stelle von § 3 getreten ist, und des § 18 an Stelle des früheren § 4.

Die Sicherungen, die auf diese Weise in das Gesetz gekommen sind, betreffen namentlich die Einsetzung von Ausschüssen, die über die Frage, was behördliche Einrichtung sei, in welchem Umfange die dort beschäftigten Personen das Bedürfnis übersteigen u. dgl. m., zu entscheiden haben (§§ 4 und 6); sie betreffen ferner den Beschwerdeweg gegen die Entscheidungen des Ausschusses (§ 6), weiter den allgemeinen Gang der Heranziehung zum Hilfsdienst (§ 7) und verlangen die Berücksichtigung des Lebensalters, der Familienverhältnisse, des Wohnorts, der Gesundheit und der bisherigen Tätigkeit des Hilfsdienstpflichtigen (§ 8). Ein weiterer Paragraph beschränkt die anderweite Einstellung von schon beschäftigten Hilfsdienstpflichtigen (§ 9), und eine Reihe von Bestimmungen regelt die Tätigkeit der Arbeiterausschüsse (§§ 11 bis 14), die bei alledem mitzuwirken haben und namentlich für die Schlichtung von Lohn- und sonstigen Streitigkeiten zuständig sind. Von besonderer Bedeutung erscheint die Bestimmung des § 17, daß allgemeine Verordnungen zu diesem Gesetz nicht dem Bundesrat allein überlassen sind, sondern der Zustimmung eines vom Reichstage aus seiner Mitte gewählten Ausschusses von 15 Mitgliedern bedürfen. Dies ist ein staatsrechtliches Novum, durch das sich die Volksvertretung ein erhebliches Recht gesichert hat, weil diese Ausführungsbestimmungen zum großen Teil noch materielles Recht schaffen.

In der dritten Lesung des Entwurfs, am 2. Dezember, gab es an einigen Stellen des Gesetzes noch ernstliche Gefahren. Bei den §§ 9, 11 und 13 wurden noch Anträge eingebracht, betreffend Ausschüsse für landwirtschaftliche Betriebe und Gleichstellung der ländlichen Arbeiter. Beim § 14 kam es zu einer ernstlichen Auseinandersetzung zwischen dem Staatssekretär und einem Antrag der sozialdemokratischen Arbeitsgemeinschaft wegen der Einziehung der Eisenbahnbetriebe in den § 14, und bei der Abstimmung dieses Antrages ward die Gefahr, daß daran die ganze Sache scheitern könnte, nur mit knapper Not (139 gegen 138 Stimmen) gebannt. Eine ähnliche Gefahr entstand noch einmal beim § 17, da auf einen Antrag der sozialdemokratischen Arbeitsgemeinschaft der ganze Reichstag an die Stelle des Reichstagsausschusses treten sollte, und auch der § 18, die Außerkraftsetzung des Gesetzes, veranlaßte noch einmal einen sozialdemokratischen Antrag, der aber ebenso wie alle andern zur dritten

Lesung eingebrachten Anträge abgelehnt wurde und so die Verabschiedung des Gesetzes am 2. Dezember nicht mehr behindern konnte. Das Gesetz wurde mit 235 gegen 19 Stimmen bei 8 Stimmenthaltungen angenommen.

Für das so geschaffene „Hindenburg-Programm für Munitionserzeugung" hat also der Reichstag volles Verständnis bewiesen und hat nur darauf gedrungen, daß von seiten der Regierung deutlich über die Grundsätze, die bei der Ausführung des Gesetzes geltend sein sollen, hinreichende Erklärungen abgegeben werden. So hat denn auch Staatssekretär Dr. Helfferich betont, daß er den Begriff der Volksversorgung nicht im engen materiellen Sinne auffasse, sondern daß er auch geistige Bedürfnisse, wie z. B. die Presse, die Lehrerschaft und die Geistlichkeit, die Berufsorganisationen von Arbeitgebern und Arbeitnehmern und die Organe der Sozialversicherung unter den Begriff des Hilfsdienstes einbegreife. Noch zielbewußter hat sich General Groener, der Leiter des neuen Kriegsamtes, für die Handhabung des vaterländischen Hilfsdienstes ausgesprochen, indem er sagte: „Über die Ziele des Gesetzes brauche ich mich nicht weiter auszusprechen. Es ist nicht geeignet, nun ganz plötzlich mittels dieses Gesetzes alle möglichen wunderbaren Maßnahmen in die Welt zu setzen, mit einem Schlage alles das zu schaffen, zu erreichen, was wir zum Ziele haben. Es bedarf einer langsamen, wohlüberlegten, organisatorischen Arbeit und einer organisatorischen Entwicklung der ganzen Sache. So liegt nicht im Gesetz die Hauptbedeutung, nicht im Gesetz der Schwerpunkt, sondern in seiner Ausführung. Sie mögen in das Gesetz hineinschreiben, was Sie wollen, es kurz fassen, lapidar, wie wir es vorgeschlagen haben,. Sie mögen den Mantel — es ist ja ein Mantelgesetz — mit allen möglichen Zieraten, mit Tressen, Kantillen und allen möglichen anderen Sachen versehen, es nützt Ihnen alles nichts, wenn wir das Gesetz nicht vernünftig ausführen."

„Das Gesetz, das alle Kräfte in den Dienst des Vaterlandes und seines Sieges stellt, fordert von der Gesamtheit der männlichen Reichsbevölkerung ohne Unterschied von Stand und Klasse neue große Leistungen, eine Anspannung aller Kräfte bis zum Äußersten; es hat aber auf der anderen Seite gerade der Arbeiterschaft auch Sicherungen und Rechte gebracht, um die von ihr seit Jahrzehnten gekämpft wird. In dem Gesetz sind nicht nur die bereits in den Richtlinien der Regierungsvorlage enthaltenen Rechtsmittel gegen die Zuweisung von Arbeit und die Verweigerung des Arbeitswechsels vorgesehen; es sind vielmehr weit darüber hinaus allgemeine Bestimmungen und Vorkehrungen zur Wahrung und Förderung der Arbeiterinteressen getroffen. Zum ersten Male schafft ein deutsches Gesetz für die Gesamtheit der deutschen gewerblichen Arbeiter und Angestellten eine obligatorische, aus freier Wahl hervorgehende Vertretung in den Arbeiterausschüssen. Zum ersten Male wird die Feststellung der Arbeits-, insbesondere der Lohnbedingungen, der unbedingten Vertragsfreiheit entrückt und betriebsfremden, paritätisch zusammengesetzten Schlichtungsstellen ein starker Einfluß auf die Gestaltung des Arbeitsvertrags eingeräumt." (Nordd. Allg. Ztg. Nr. 337 v. 5. Dezbr. 1916.)

In einem Schlußwort faßte der Präsident des Kriegsamtes, Generalleutnant Groener, das Ergebnis dieses Gesetzes in den begeisterten Worten zusammen: „Es wird eine neue Saat gelegt in die Herzen unseres Volkes, nicht nur für den gegenwärtigen Krieg, sondern darüber hinaus bis in die ferne Zukunft. Das ist die Bedeutung der Mitwirkung des Reichstages bei diesem Gesetz vom Standpunkt des Patrioten. Der Dank des Heeres ist Ihnen gewiß. Von der Front wird uns geschrieben, daß wir jetzt fest auf dem Boden stehen. Alle, die mitgearbeitet haben, sind treue Mitkämpfer unseres Heeres gegen den Feind. Auch die Wirkung auf unsere Feinde ist bereits deutlich zu erkennen, man braucht nur die französischen und englischen Zeitungen zu lesen. So wird die entschlossene Tat des Reichstags die englischen Phantasien von Deutschlands Schwäche Lügen strafen. Unsere Feinde werden zu der Überzeugung kommen, daß das deutsche Volk unüberwindlich ist, wenn es einig ist. Einigkeit ist aber nur möglich, wenn Vertrauen vorhanden ist. Für mich als Soldaten enthält das Gesetz die Aufforderung zu fester Entschlossenheit. Der neue Dreibund: Bundesrat, Reichstagsausschuß und Kriegsamt, muß in Einigkeit dem deutschen Volke mit gutem Beispiel vorangehen."

I.

Gesetz, betreffend den vaterländischen Hilfsdienst.

Vom 5. Dezember 1916.

(RGBl. Nr. 276 S. 1333.)

Wir Wilhelm, von Gottes Gnaden Deutscher Kaiser, König von Preußen usw. verordnen im Namen des Reichs, nach erfolgter Zustimmung des Bundesrats und des Reichstags, was folgt:

§ 1.

Jeder männliche Deutsche vom vollendeten siebzehnten bis zum vollendeten sechzigsten Lebensjahre ist, soweit er nicht zum Dienste in der bewaffneten Macht einberufen ist, zum vaterländischen Hilfsdienst während des Krieges verpflichtet.

§ 2.

Als im vaterländischen Hilfsdienst tätig gelten alle Personen, die bei Behörden, behördlichen Einrichtungen, in der Kriegsindustrie, in der Land- und Forstwirtschaft, in der Krankenpflege, in kriegswirtschaftlichen Organisationen jeder Art oder in sonstigen Berufen oder Betrieben, die für Zwecke der Kriegführung oder der Volksversorgung unmittelbar oder mittelbar Bedeutung haben, beschäftigt sind, soweit die Zahl dieser Personen das Bedürfnis nicht übersteigt.

Hilfsdienstpflichtige, die vor dem 1. August 1916 in einem land- und forstwirtschaftlichen Betriebe tätig waren, dürfen aus diesem Berufe nicht zum Zwecke der Überweisung in eine andere Beschäftigung im vaterländischen Hilfsdienst herausgezogen werden.

§ 3.

Die Leitung des vaterländischen Hilfsdienstes liegt dem beim Königlich Preußischen Kriegsministerium errichteten Kriegsamt ob.*)

---

*) Durch Allerhöchste Kabinettsorder ist, laut Reichsanzeiger Nr. 261 vom 4. November 1916, bestimmt, daß zur Leitung aller mit der Gesamtkriegführung zusammenhängenden Angelegenheiten der Beschaffung, Verwendung und Ernährung der Arbeiter sowie der Beschaffung von Rohstoffen, Waffen und Munition im Kriegsministerium ein Kriegsamt errichtet wird, dem auch die Leitung der Ersatzangelegenheiten obliegt. Das Arbeitsamt, die Feldzeugmeisterei mit dem Waffen- und Munitionsbeschaffungsamt, die Kriegsrohstoffabteilung und Fabrikenabteilung sowie die die Ersatzangelegenheiten bearbeitenden Stellen des Kriegsministeriums, die Abteilung für Volksernährungsfragen und die Abteilung für Ein- und Ausfuhr werden dem Kriegsamt unterstellt. Insbesondere wird dem Kriegsamt auch die Versorgung der Arbeiter mit Fleisch

§ 4.

Über die Frage, ob und in welchem Umfang die Zahl der bei einer Behörde beschäftigten Personen das Bedürfnis übersteigt, entscheidet die zuständige Reichs- oder Landeszentralbehörde im Einvernehmen mit dem Kriegsamt. Über die Frage, was als behördliche Einrichtung anzusehen ist, sowie ob und in welchem Umfang die Zahl der bei einer solchen beschäftigten Personen das Bedürfnis übersteigt, entscheidet das Kriegsamt nach Benehmen mit der zuständigen Reichs- oder Landeszentralbehörde.

Im übrigen entscheiden über die Frage, ob ein Beruf oder Betrieb im Sinne des § 2 Bedeutung hat, sowie ob und in welchem Umfang die Zahl der in einem Beruf, einer Organisation oder einem Betriebe tätigen Personen das Bedürfnis übersteigt, Ausschüsse, die für den Bezirk jedes Stellvertretenden Generalkommandos oder für Teile des Bezirks zu bilden sind.

§ 5.

Jeder Ausschuß (§ 4 Abs. 2) besteht aus einem Offizier als Vorsitzenden, zwei höheren Staatsbeamten, von denen einer der Gewerbeaufsicht angehören soll, sowie aus je zwei Vertretern der Arbeitgeber und der Arbeitnehmer. Den Offizier sowie

---

und Fett übertragen. Der Königlich Württembergische Generalmajor Groener ist zum Chef des Kriegsamts im Kriegsministerium ernannt und zum Vertreter des Kriegsministers bestellt.

die Vertreter der Arbeitgeber und der Arbeitnehmer bestellt das Kriegsamt, in Bayern, Sachsen und Württemberg das Kriegsministerium, dem in diesen Bundesstaaten auch im übrigen der Vollzug des Gesetzes im Einvernehmen mit dem Kriegsamt zukommt. Die höheren Staatsbeamten beruft die Landeszentralbehörde oder die von ihr zu bestimmende Behörde. Erstreckt sich der Bezirk eines Stellvertretenden Generalkommandos auf die Gebiete mehrerer Bundesstaaten, so werden die Beamten von den zuständigen Behörden dieser Bundesstaaten berufen; bei den Entscheidungen des Ausschusses wirken die Beamten des Bundesstaats mit, dem der Betrieb, die Organisation oder der Berufausübende angehört.

§ 6.

Gegen die Entscheidung des Ausschusses (§ 4 Abs. 2) findet Beschwerde an die beim Kriegsamt einzurichtende Zentralstelle statt, die aus zwei Offizieren des Kriegsamts, von denen der eine den Vorsitz führt, zwei vom Reichskanzler ernannten Beamten und einem von der Zentralbehörde des Bundesstaats zu ernennenden Beamten, dem der Betrieb, die Organisation oder der Berufausübende angehört, sowie je einem Vertreter der Arbeitgeber und der Arbeitnehmer besteht; für die Bestellung dieser Vertreter gilt § 5 Satz 2. Werden Marineinteressen berührt, so ist einer der Offiziere vom Reichsmarineamte zu bestellen. Bei Beschwerden gegen Entscheidungen bayerischer, sächsischer oder württembergischer Ausschüsse ist einer der Offiziere von dem Kriegsministerium des beteiligten Bundesstaats zu bestellen.

§ 7.

Die nicht im Sinne des § 2 beschäftigten Hilfsdienstpflichtigen können jederzeit zum vaterländischen Hilfsdienst herangezogen werden.

Die Heranziehung erfolgt in der Regel zunächst durch eine Aufforderung zur freiwilligen Meldung, die das Kriegsamt oder eine durch Vermittlung der Landeszentralbehörde zu bestimmende Stelle erläßt. Wird dieser Aufforderung nicht in ausreichendem Maße entsprochen, so wird der einzelne Hilfsdienstpflichtige durch besondere schriftliche Aufforderung eines Ausschusses herangezogen, der in der Regel für jeden Bezirk einer Ersatzkommission zu bilden ist und aus einem Offizier als Vorsitzenden, einem höheren Beamten und je zwei Vertretern der Arbeitgeber und der Arbeitnehmer besteht. Bei Stimmengleichheit gibt die Stimme des Vorsitzenden den Ausschlag. Für die Bestellung des Offiziers sowie der Vertreter der Arbeitgeber und der Arbeitnehmer gilt § 5 Satz 2; den höheren Beamten beruft die Landeszentralbehörde oder die von ihr zu bestimmende Behörde.

Jeder, dem die besondere schriftliche Aufforderung zugegangen ist, hat bei einer der nach § 2 in Frage kommenden Stellen Arbeit zu suchen. Soweit hierdurch eine Beschäftigung binnen zwei Wochen nach Zustellung der Aufforderung nicht herbeigeführt wird, findet die Überweisung zu einer Beschäftigung durch den Ausschuß statt.

Über Beschwerden gegen die Überweisung entscheidet der bei dem Stellvertretenden Generalkommando gebildete Ausschuß (§ 4 Abs. 2). Die Beschwerde hat keine aufschiebende Wirkung.

§ 8.

Bei der Überweisung zur Beschäftigung ist auf das Lebensalter, die Familienverhältnisse, den Wohnort und die Gesundheit sowie auf die bisherige Tätigkeit des Hilfsdienstpflichtigen nach Möglichkeit Rücksicht zu nehmen; desgleichen ist zu prüfen, ob der in Aussicht gestellte Arbeitslohn dem Beschäftigten und etwa zu versorgenden Angehörigen ausreichenden Unterhalt ermöglicht.

§ 9.

Niemand darf einen Hilfsdienstpflichtigen in Beschäftigung nehmen, der bei einer der im § 2 bezeichneten Stellen beschäftigt ist oder in den letzten zwei Wochen beschäftigt gewesen ist, sofern der Hilfsdienstpflichtige nicht eine Bescheinigung seines letzten Arbeitgebers darüber beibringt, daß er die Beschäftigung mit dessen Zustimmung aufgegeben hat.

Weigert sich der Arbeitgeber, die von dem Hilfsdienstpflichtigen beantragte Bescheinigung auszustellen, so steht diesem die Beschwerde an einen Ausschuß zu, der in der Regel für jeden Bezirk einer Ersatzkommission zu bilden ist und aus einem Beauftragten des Kriegsamts als Vorsitzenden sowie aus je drei Vertretern der Arbeitgeber und der Arbeitnehmer besteht. Je zwei dieser Vertreter sind ständig, die übrigen sind aus der Berufsgruppe zu entnehmen, welcher der beteiligte Hilfsdienstpflichtige angehört. Erkennt der Ausschuß nach Untersuchung des Falles an, daß ein wichtiger Grund für das Ausscheiden vorliegt, so stellt er eine Bescheinigung aus, die in ihrer Wirkung die Bescheinigung des Arbeitgebers ersetzt.

Als wichtiger Grund soll insbesondere eine angemessene Verbesserung der Arbeitsbedingungen im vaterländischen Hilfsdienst gelten.

§ 10.

Die Anweisung für das Verfahren bei den in § 4 Abs. 2, § 7 Abs. 2, § 9 Abs. 2 bezeichneten Ausschüssen erläßt das Kriegsamt.

Für die Berufung der Vertreter der Arbeitgeber und der Arbeitnehmer in die Ausschüsse (§§ 5, 6, § 7 Abs. 2, § 9 Abs. 2) durch das Kriegsamt sind Vorschlagslisten wirtschaftlicher Organisationen der Arbeitgeber und der Arbeitnehmer einzuholen.

Soweit zur Wahrnehmung der Obliegenheiten der in § 9 Abs. 2 bezeichneten Ausschüsse bereits ähnliche Ausschüsse (Kriegsausschüsse usw.) bestehen, können sie mit Zustimmung des Kriegsamts an die Stelle jener Ausschüsse treten.

§ 11.*)

In allen für den vaterländischen Hilfsdienst tätigen Betrieben, für die Titel VII der Gewerbeordnung gilt und in denen in der Regel mindestens fünfzig Arbeiter beschäftigt werden, müssen ständige Arbeiterausschüsse bestehen.

---

*) Titel VII der Gewerbeordnung umfaßt die §§ 105 bis 139m und betrifft die gewerblichen Arbeiter (Gesellen, Gehilfen, Lehrlinge, Betriebsbeamte, Werkmeister, Techniker, Fabrikarbeiter).

Der § 134h GewO. lautet:

Als ständige Arbeiterausschüsse im Sinne des § 134b Abs. 3 und des § 134d gelten nur:

1. diejenigen Vorstände der Betriebs-(Fabrik-)Krankenkassen oder anderer für die Arbeiter des Betriebs bestehender Kasseneinrichtungen, deren Mitglieder in ihrer Mehrheit von den Arbeitern aus ihrer Mitte zu wählen sind, sofern sie als ständige Arbeiterausschüsse bestellt werden;
2. die Knappschaftsältesten von Knappschaftsvereinen, welche die nicht den Bestimmungen der Berggesetze unterstehenden Betriebe eines Unternehmers umfassen, sofern sie als ständige Arbeiterausschüsse bestellt werden;
3. die bereits vor dem 1. Januar 1891 errichteten ständigen Arbeiterausschüsse, deren Mitglieder in ihrer Mehrzahl von den Arbeitern aus ihrer Mitte gewählt werden;
4. solche Vertretungen, deren Mitglieder in ihrer Mehrzahl von den volljährigen Arbeitern des Betriebes oder der betreffenden Betriebsabteilung aus ihrer Mitte in unmittelbarer und geheimer Wahl gewählt werden. Die

Soweit für solche Betriebe ständige Arbeiterausschüsse nach § 134 h der Gewerbeordnung oder nach den Berggesetzen nicht bestehen, sind sie zu errichten. Die Mitglieder dieser Arbeiterausschüsse werden von den volljährigen Arbeitern des Betriebs oder der Betriebsabteilung aus ihrer Mitte in unmittelbarer und geheimer Wahl nach den Grund-

---

Wahl der Vertreter kann auch nach Arbeiterklassen oder nach besonderen Abteilungen des Betriebs erfolgen.

Die hier angezogenen Paragraphen lauten:

§ 134 b Abs. 3.

Dem Betriebsinhaber bleibt überlassen, neben den im Abs. 1 unter 1—5 bezeichneten, noch weitere die Ordnung des Betriebs und das Verhalten der Arbeiter im Betriebe betreffende Bestimmungen in die Arbeitsordnung aufzunehmen. Mit Zustimmung eines ständigen Arbeiterausschusses können in die Arbeitsordnung Vorschriften über das Verhalten der Arbeiter bei Benutzung der zu ihrem Besten getroffenen, mit dem Betriebe verbundenen Einrichtungen, sowie Vorschriften über das Verhalten der minderjährigen Arbeiter außerhalb des Betriebs aufgenommen werden.

§ 134 d.

Vor dem Erlasse der Arbeitsordnung oder eines Nachtrags zu derselben ist den in dem Betrieb oder in den betreffenden Betriebsabteilungen beschäftigten großjährigen Arbeitern Gelegenheit zu geben, sich über den Inhalt derselben zu äußern.

Für Betriebe, für welche ein ständiger Arbeiterausschuß besteht, wird dieser Vorschrift durch Anhörung des Ausschusses über den Inhalt der Arbeitsordnung genügt.

sätzen der Verhältniswahl gewählt. Das Nähere bestimmt die Landeszentralbehörde.

Nach denselben Grundsätzen und mit den gleichen Befugnissen sind in Betrieben der im Abs. 1 bezeichneten Art mit mehr als fünfzig nach dem Versicherungsgesetze für Angestellte versicherungspflichtigen Angestellten besondere Ausschüsse (Angestelltenausschüsse) für diese Angestellten zu errichten.

§ 12.

Dem Arbeiterausschusse liegt ob, das gute Einvernehmen innerhalb der Arbeiterschaft des Betriebs und zwischen der Arbeiterschaft und dem Arbeitgeber zu fördern. Er hat Anträge, Wünsche und Beschwerden der Arbeiterschaft, die sich auf die Betriebseinrichtungen, die Lohn- und sonstigen Arbeitsverhältnisse des Betriebs und seiner Wohlfahrtseinrichtungen beziehen, zur Kenntnis des Unternehmers zu bringen und sich darüber zu äußern.

Auf Verlangen von mindestens einem Viertel der Mitglieder des Arbeiterausschusses muß eine Sitzung anberaumt und der beantragte Beratungsgegenstand auf die Tagesordnung gesetzt werden.

§ 13.

Kommt in einem Betriebe der im § 11 bezeichneten Art bei Streitigkeiten über die Lohn- oder sonstigen Arbeitsbedingungen eine Einigung zwischen dem Arbeitgeber und dem Arbeiterausschusse nicht zustande, so kann, wenn nicht beide Teile ein Gewerbegericht, ein Berggewerbegericht, ein Einigungsamt einer Innung oder ein Kaufmannsgericht als Einigungsamt anrufen, von jedem Teile der im § 9 Abs. 2 bezeichnete Ausschuß als Schlichtungsstelle angerufen werden. In diesem Falle finden die §§ 66, 68 bis 73 des Gewerbegerichtsgesetzes*) entsprechende Anwendung mit der Maßgabe, daß ein Schiedsspruch auch dann ab-

---

*) Die Paragraphen des Gewerbegerichtsgesetzes lauten:

§ 66.

Der Vorsitzende ist befugt, zur Einleitung der Verhandlung und in deren Verlauf an den Streitigkeiten beteiligte Personen vorzuladen und zu vernehmen. Er kann hierbei, wenn das Einigungsamt gemäß § 63 oder § 64 angerufen worden ist, für den Fall des Nichterscheinens eine Geldstrafe bis zu einhundert Mark androhen. Gegen die Festsetzung der Strafe findet Beschwerde nach den Bestimmungen der Zivilprozeßordnung statt.

Eine Vertretung beteiligter Personen durch deren allgemeine Stellvertreter (§ 45 der Gewerbeordnung), Prokuristen oder Betriebsleiter, ist zulässig.

§ 68.

Das Einigungsamt hat durch Vernehmung der Vertretung beider Teile die Streitpunkte und die für die Beurteilung derselben in Betracht kommenden Verhältnisse festzustellen.

Das Einigungsamt oder, im Falle des § 64, der Vorsitzende des Gewerbegerichts ist befugt, zur Aufklärung der zugeben ist, wenn einer der beiden Teile nicht erscheint oder nicht verhandelt, sowie daß Personen, die an der einzelnen Streitsache als Arbeitgeber

---

in Betracht kommenden Verhältnisse Auskunftspersonen vorzuladen und zu vernehmen.

Jedem Beisitzer und Vertrauensmanne steht das Recht zu, durch den Vorsitzenden Fragen an die Vertreter und Auskunftspersonen zu richten.

§ 69.

Nach erfolgter Klarstellung der Verhältnisse ist in gemeinsamer Verhandlung jedem Teile Gelegenheit zu geben, sich über das Vorbringen des anderen Teiles sowie über die vorliegenden Aussagen der Auskunftspersonen zu äußern. Demnächst findet ein Einigungsversuch zwischen den streitenden Teilen statt.

§ 70.

Kommt eine Vereinbarung zustande, so ist der Inhalt derselben durch eine von sämtlichen Mitgliedern des Einigungsamts und von den Vertretern beider Teile zu unterzeichnende Bekanntmachung zu veröffentlichen.

§ 71.

Kommt eine Vereinbarung nicht zustande, so hat das Einigungsamt einen Schiedsspruch abzugeben, welcher sich auf alle zwischen den Parteien streitigen Fragen zu erstrecken hat.

Die Beschlußfassung über den Schiedsspruch erfolgt mit einfacher Stimmenmehrheit. Stehen bei der Beschlußfassung über den Schiedsspruch die Stimmen sämtlicher für die Arbeitgeber zugezogenen Vertrauensmänner denjenigen sämtlicher für die Arbeiter zugezogenen gegenüber, so kann der Vor-

oder als Mitglied des Arbeiterausschusses beteiligt gewesen sind, bei dem Schiedsspruch nicht mitwirken dürfen.

Besteht in einem für den vaterländischen Hilfsdienst tätigen Betriebe, für den Titel VII der Gewerbeordnung gilt, ein ständiger Arbeiterausschuß weder nach der Gewerbeordnung oder den Berggesetzen noch nach § 11 Abs. 2 oder Abs. 3 dieses Gesetzes, so kann bei Streitigkeiten zwischen der Arbeiterschaft und dem Arbeitgeber über die Lohn- oder sonstigen Arbeitsbedingungen der im § 9

---

sitzende sich seiner Stimme enthalten und feststellen, daß ein Schiedsspruch nicht zustande gekommen ist.

§ 72.

Ist ein Schiedsspruch zustande gekommen, so ist derselbe den Vertretern beider Teile mit der Aufforderung zu eröffnen, sich binnen einer zu bestimmenden Frist darüber zu erklären, ob sie sich dem Schiedsspruch unterwerfen. Die Nichtabgabe der Erklärung binnen der bestimmten Frist gilt als Ablehnung der Unterwerfung.

Nach Ablauf der Frist hat das Einigungsamt eine von sämtlichen Mitgliedern desselben unterzeichnete öffentliche Bekanntmachung zu erlassen, welche den abgegebenen Schiedsspruch und die darauf abgegebenen Erklärungen der Parteien enthält.

§ 73.

Ist weder eine Vereinbarung (§ 70) noch ein Schiedsspruch zustande gekommen, so ist dies von dem Vorsitzenden des Einigungsamts öffentlich bekanntzumachen.

Abs. 2 bezeichnete Ausschuß als Schlichtungsstelle angerufen werden; das Gleiche gilt für die landwirtschaftlichen Betriebe. Die Bestimmungen des Abs. 1 Satz 2 gelten entsprechend.

Unterwirft sich der Arbeitgeber dem Schiedsspruch nicht, so ist den beteiligten Arbeitnehmern auf ihr Verlangen die zum Aufgeben der Arbeit berechtigende Bescheinigung (§ 9) zu erteilen. Unterwerfen sich die Arbeitnehmer dem Schiedsspruch nicht, so darf ihnen aus der dem Schiedsspruch zugrunde liegenden Veranlassung die Bescheinigung nicht erteilt werden.

§ 14.

Den im vaterländischen Hilfsdienst beschäftigten Personen darf die Ausübung des ihnen gesetzlich zustehenden Vereins- und Versammlungsrechts nicht beschränkt werden.

§ 15.

Für die industriellen Betriebe der Heeres- und Marineverwaltung sind durch die zuständigen Dienstbehörden Vorschriften im Sinne der §§ 11 bis 13 zu erlassen.

§ 16.

Die auf Grund dieses Gesetzes der Landwirtschaft überwiesenen gewerblichen Arbeiter unterliegen nicht den landesgesetzlichen Bestimmungen über das Gesinde.

§ 17.

Die durch öffentliche Bekanntmachung oder unmittelbare Anfrage des Kriegsamts oder der Ausschüsse erforderten Auskünfte über Beschäftigungs- und Arbeitsfragen sowie über Lohn- und Betriebsverhältnisse sind zu erteilen.

Das Kriegsamt ist befugt, den Betrieb durch einen Beauftragten einsehen zu lassen.

§ 18.

Mit Gefängnis bis zu einem Jahre und mit Geldstrafe bis zu zehntausend Mark oder mit einer dieser Strafen oder mit Haft wird bestraft,

1. wer der auf Grund des § 7 Abs. 3 angeordneten Überweisung zu einer Beschäftigung nicht nachkommt oder sich ohne dringenden Grund beharrlich weigert, die ihm zugewiesene Arbeit zu verrichten;
2. wer der Vorschrift im § 9 Abs. 1 zuwider einen Arbeiter beschäftigt;
3. wer die im § 17 vorgesehene Auskunft innerhalb der festgesetzten Frist nicht erteilt oder bei der Auskunfterteilung wissentlich unwahre oder unvollständige Angaben macht.

§ 19.

Der Bundesrat erläßt die zur Ausführung dieses Gesetzes erforderlichen Bestimmungen; allgemeine Verordnungen bedürfen der Zustimmung eines vom Reichstag aus seiner Mitte gewählten Ausschusses von fünfzehn Mitgliedern.

Das Kriegsamt ist verpflichtet, den Ausschuß über alle wichtigen Vorgänge auf dem Laufenden zu halten, ihm auf Verlangen Auskunft zu geben, seine Vorschläge entgegenzunehmen und vor Erlaß wichtiger Anordnungen allgemeiner Art seine Meinungsäußerung einzuholen.

Der Ausschuß ist zum Zusammentritt während der Unterbrechung der Verhandlungen des Reichstags berechtigt.

Der Bundesrat kann Zuwiderhandlungen gegen die Ausführungsbestimmungen mit Gefängnis bis zu einem Jahre und mit Geldstrafe bis zu zehntausend Mark oder mit einer dieser Strafen oder mit Haft bedrohen.

§ 20.

Das Gesetz tritt mit dem Tage der Verkündung in Kraft. Der Bundesrat bestimmt den Zeitpunkt des Außerkrafttretens; macht er von dieser Befugnis binnen eines Monats nach Friedensschluß mit den europäischen Großmächten keinen Gebrauch, so tritt das Gesetz außer Kraft.

Urkundlich unter Unserer Höchsteigenhändigen Unterschrift und beigedrucktem Kaiserlichen Insiegel.

Gegeben Großes Hauptquartier,
den 5. Dezember 1916.

(Siegel) (gez.) Wilhelm.
von Bethmann Hollweg.

II.

a) Regierungsentwurf.

Entwurf eines Gesetzes, betreffend den vaterländischen Hilfsdienst.

Vom 24. November 1916.

(Reichst.-Drucks. Nr. 509.)

Wir Wilhelm, von Gottes Gnaden Deutscher Kaiser, König von Preußen usw.
verordnen im Namen des Reichs, nach erfolgter Zustimmung des Bundesrats und des Reichstags, was folgt:

§ 1.

Jeder männliche Deutsche vom vollendeten 17. bis zum vollendeten 60. Lebensjahre, soweit er nicht zum Dienste in der bewaffneten Macht einberufen ist, ist zum vaterländischen Hilfsdienst während des Krieges verpflichtet.

§ 2.

Als vaterländischer Hilfsdienst gilt außer dem Dienste bei Behörden und behördlichen Einrichtungen insbesondere die Arbeit in der Kriegsindustrie, in der Landwirtschaft, in der Krankenpflege und in kriegswirtschaftlichen Organisationen jeder Art sowie in sonstigen Betrieben, die für Zwecke der

Kriegführung oder Volksversorgung unmittelbar oder mittelbar von Bedeutung sind.

Die Leitung des vaterländischen Hilfsdienstes liegt dem beim Königlich Preußischen Kriegsministerium errichteten Kriegsamt ob.

§ 3.

Der Bundesrat erläßt die zur Ausführung dieses Gesetzes erforderlichen Bestimmungen. Er kann Zuwiderhandlungen mit Gefängnis bis zu einem Jahre und mit Geldstrafe bis zu zehntausend Mark oder mit einer dieser Strafen oder mit Haft bedrohen.

§ 4.

Das Gesetz tritt mit dem Tage der Verkündung in Kraft. Der Bundesrat bestimmt den Zeitpunkt des Außerkrafttretens.

Urkundlich usw.

Gegeben usw.

b) Begründung.

Mit unerhörter Zähigkeit und beispiellosem Kräfteeinsatz wird der Krieg von unseren Gegnern weitergeführt zu dem immer wieder verkündeten Zwecke, die staatlichen und wirtschaftlichen Lebens- und Entwicklungsbedingungen des deutschen Volkes zu vernichten. In gewaltiger Menge werden fortgesetzt die Waffen zu diesem Kampfe geschmiedet, nicht bloß von den arbeitenden Männern und Frauen der Verbandsländer, sondern auch in neutralen Staaten.

Trotz aller schon errungenen Erfolge muß das deutsche Volk noch immer weiter dem Ansturm einer Welt von Feinden Stand halten, einzig und allein auf die eigene Kraft und den Beistand seiner Verbündeten angewiesen. Um den Sieg zu sichern, ist es geboten, die Kraft des gesamten Volkes in den Dienst des Vaterlandes zu stellen. Die Waffenfähigen verrichten draußen vor dem Feinde immer aufs neue Wunder der Tapferkeit und Ausdauer, und unerschütterlich steht, allen Entbehrungen und beispiellosen Anstrengungen trotzend, der Wall, den Deutschlands Söhne rings um das Vaterland errichtet haben.

Auch die Daheimgebliebenen, Männer wie Frauen, haben sich durch ihre Arbeit im Dienste der Kriegswirtschaft in hohem Maße der Volksgenossen im Felde würdig gezeigt. Sie haben die Kämpfer an der Front dauernd mit allem versorgt, dessen sie für ihr schweres Werk bedürfen. Auch sie können sich hingebender und rastloser Pflichterfüllung rühmen. Aber diese Heimarmee kann noch beträchtlich verstärkt werden, und der

Kriegsarbeit fehlt bisher die straffe, einheitliche Zusammenfassung und Regelung, die allein die Leistungen zum Höchstmaß zu steigern vermag und erst den vollen Erfolg verbürgt. Zu diesem Zwecke die gesamte nicht zum Heeresdienste herangezogene Bevölkerung in der Heimat zu erfassen und die Volkskraft für das große Ziel der Vaterlandsverteidigung zweckdienlich zu verwerten, ist die Aufgabe des durch Allerhöchste Kabinettsorder vom 1. November 1916 ins Leben gerufenen Kriegsamts. Die Vorlage bezweckt, diesem Amte für die Erfüllung seiner Aufgaben auf diesem Gebiete und ebenso den zur Mitwirkung dabei berufenen sonstigen Behörden für ihre Betätigung die notwendige staatsrechtliche Grundlage zu geben.

Wer irgend arbeiten kann, hat in dieser großen und schweren Zeit kein Recht mehr, müßig zu sein. Durch das Gesetz soll eine gesetzliche Verpflichtung zum vaterländischen Hilfsdienst geschaffen werden. Bisher kann noch jeder, der nicht zum Dienste in der bewaffneten Macht einberufen ist, soweit ihn nicht amtliche oder vertragliche Pflichten binden, frei darüber verfügen, ob, in welchem Umfang und in welcher Art er seine Arbeitskraft verwenden will. Das darf in dem Volkskampf, in dem wir stehen, fortan nicht mehr in gleichem Maße der Fall sein. Auch in der Heimat muß jeder deutsche Mann seine ganze Kraft dort einsetzen, wo das Vaterland sie am nötigsten braucht, und wo er nach seiner körperlichen und geistigen Veranlagung diesem die besten Dienste leisten kann. Für die Bestimmung darüber, welche Arbeiten während der Dauer des Krieges überhaupt fortzuführen und welche von den einzelnen Personen zu verrichten sind, darf nur der Gesichtspunkt ausschlaggebend sein, ob und in welchem Maße eine Arbeit für die Zwecke der Kriegführung und der eng damit zusammenhängenden Volksversorgung von Nutzen ist. Auf solche Weise wird es möglich sein, die Leistungen der für die Kriegführung und Kriegswirtschaft besonders bedeutungsvollen Betriebszweige und Einrichtungen dem Bedarf entsprechend zu steigern und daneben trotzdem eine größere Anzahl für den Heeresdienst geeigneter Personen zu militärischer Verwendung freizumachen. In der Heimat wie in den besetzten Gebieten werden an zahlreichen Stellen wehrpflichtige Deutsche durch hilfsdienstpflichtige ersetzt werden können.

Wie im Heeresdienste darf bei diesem gesamten Vorgehen keine Rücksicht auf soziale Unterschiede gelten. Für den vaterländischen Dienst, welcher Art er auch sei, kann es nur Staatsbürger, nicht Schichten und Klassen geben.

Bei der Überweisung zu einer Beschäftigung wird, soweit das vaterländische Interesse dies gestattet, auf das Lebensalter, die Familienverhältnisse, den Wohnort und die Gesundheit sowie auf die bisherige Tätigkeit des Hilfsdienstpflichtigen gebührende Rücksicht zu nehmen sein. Streitigkeiten, die sich aus der Heranziehung zu einer Tätigkeit oder auch aus dem Wunsche nach einem Wechsel der Arbeitsstelle ergeben, sollen von militärischen Schlichtungsstellen ausgeglichen oder entschieden werden. Diese sollen mit Arbeitgebern und Arbeitnehmern in gleicher Zahl besetzt werden.

Ergeht solchergestalt der Aufruf zu allgemeiner Betätigung im Dienste der Kriegführung, so darf erwartet werden, daß weite Kreise des Volkes an Vaterlandsliebe und Opferfreudigkeit nicht hinter denen werden zurückstehen wollen, die sofort nach Ausbruch des Krieges in Scharen freiwillig zu den Fahnen geeilt sind. Unzweifelhaft fehlt es vielen gegenwärtig nur an der geeigneten Gelegenheit zu freiwilligem

Hilfsdienst. Wird dieser Heimatdienst in zielbewußter, zweckdienlicher Weise geregelt, so werden sicherlich so viele freudig sich ihm einordnen, daß ein Zwang, der allerdings als letztes Mittel nicht entbehrt werden kann, nur in verhältnismäßig seltenen Fällen erforderlich werden wird.

Im einzelnen wird folgendes bemerkt:

Der Entwurf will nur für männliche Personen, und zwar wie § 1 vorsieht, für alle nicht zum Dienste in der bewaffneten Macht einberufenen vom vollendeten 17. bis zum vollendeten 60. Lebensjahre die Pflicht zum vaterländischen Hilfsdienst einführen. Einen gleichen Zwang für Frauen auszusprechen, erscheint entbehrlich, in der Erwägung, daß die im Kriege bisher so bewährte Arbeitskraft der deutschen Frau auch ohne besonderen Antrieb in reichem Maße wird bereitgestellt werden können.

Der § 2 umschreibt, was als vaterländischer Hilfsdienst anzusehen ist.

Die zur Ausführung des Gesetzes erforderlichen Bestimmungen wird, wie § 3 vorschreibt, nur der Bundesrat erlassen können, da den unendlich mannigfaltigen und in stetem Wechsel begriffenen Verhältnissen, auf die sich die Durchführung des Gesetzes zu erstrecken hat, nur durch bewegliche, einer Änderung leicht zugängliche Bestimmungen, nicht aber durch starre gesetzliche Vorschriften Rechnung getragen werden kann.

Um das Kriegsamt tunlichst bald mit den erforderlichen Machtmitteln auszustatten, empfiehlt es sich, das Gesetz mit der Verkündung in Kraft treten zu lassen. Das Außerkrafttreten kann wiederum nur durch den Bundesrat veranlaßt werden, da sich die Dauer des Krieges, für die das Gesetz längstens Bedeutung hat, nicht übersehen läßt.

c) Richtlinien

für die Ausführung des Gesetzes, betreffend den vaterländischen Hilfsdienst.

1. Als im vaterländischen Hilfsdienst tätig gelten alle Personen, die bei Behörden und behördlichen Einrichtungen, in der Kriegsindustrie, in der Landwirtschaft, in der Krankenpflege und in kriegswirtschaftlichen Organisationen jeder Art sowie in sonstigen Berufen oder Betrieben, die für Zwecke der Kriegführung oder Volksversorgung unmittelbar oder mittelbar von Bedeutung sind, beschäftigt sind, soweit die Zahl dieser Personen das Bedürfnis nicht übersteigt.

2. Über die Frage, ob die Zahl der bei einer Behörde beschäftigten Personen das Bedürfnis übersteigt, entscheidet die zuständige Reichs- oder Landeszentralbehörde im Einvernehmen mit dem Kriegsamt. Über die Frage, was als behördliche Einrichtung anzusehen ist und ob die Zahl der bei einer solchen beschäftigten Personen das Bedürfnis übersteigt, entscheidet das Kriegsamt nach Benehmen mit der zuständigen Reichs- oder Landeszentralbehörde. Im übrigen entscheiden über die Frage, ob ein Beruf oder Betrieb im Sinne von Ziff. 1 von Bedeutung ist, sowie ob und in welchem Umfang die Zahl der in einem Beruf, einer Organisation oder in einem Betriebe tätigen Personen das Bedürfnis übersteigt, Ausschüsse, die für den Bezirk jedes Stellvertretenden Generalkommandos zu bilden sind. Jeder Ausschuß besteht aus einem

Offizier als Vorsitzenden, aus zwei höheren Staatsbeamten, von denen einer der Gewerbeaufsicht angehören soll, sowie aus je einem Vertreter der Arbeitgeber und Arbeitnehmer; den Offizier bestellt das Kriegsamt, in Bayern, Sachsen und Württemberg das Kriegsministerium, dem in diesen Bundesstaaten auch im übrigen der Vollzug des Gesetzes im Einververnehmen mit dem Kriegsamt zukommt. Die übrigen Ausschußmitglieder bestellt je für ihren Bezirk die Landeszentralbehörde oder die von ihr bestimmte Stelle. Vor der Entscheidung des Ausschusses soll die beteiligte Gemeindebehörde gehört werden. Werden Marineinteressen berührt, so ist vor der Entscheidung auf Verlangen der Marine ein von ihr zu bezeichnender Marineoffizier zu hören.

Gegen die Entscheidung des Ausschusses findet Beschwerde bei der beim Kriegsamt einzurichtenden Zentralstelle statt, die aus zwei Offizieren des Kriegsamts, von denen der eine den Vorsitz führt, aus zwei vom Reichskanzler ernannten Beamten und aus einem von demjenigen Bundesstaate zu ernennenden Beamten besteht, dem der Betrieb, die Organisation oder der Berufsausübende angehört. Werden Marineinteressen berührt, so ist einer der Offiziere vom Reichsmarineamt zu bestellen. Bei Beschwerden aus Bayern, Sachsen und Württemberg ist einer der Offiziere von dem betreffenden Kriegsministerium zu bestellen. Das Recht der Beschwerde steht dem Betriebsinhaber, Organisationsleiter oder Berufsausübenden sowie dem Vorsitzenden des Ausschusses zu.

3. Die nicht im Sinne der Ziff. 1 beschäftigten Arbeitskräfte können jederzeit zum vaterländischen Hilfsdienst herangezogen werden.

Die Heranziehung erfolgt in der Regel zunächst durch eine vom Kriegsamt durch Vermittlung der Landeszentralbehörde oder der von ihr bestimmten Stellen zu erlassende Aufforderung zur freiwilligen Meldung. Soweit dieser Aufforderung nicht in ausreichendem Maße entsprochen wird, erfolgt die Heranziehung durch die schriftliche Aufforderung eines Ausschusses, der in der Regel für jeden Bezirk einer Ersatzkommission zu bilden ist und aus einem Offizier als Vorsitzenden, aus einem höheren Beamten und aus je einem Vertreter der Arbeitgeber und Arbeitnehmer besteht; bei Stimmengleichheit entscheidet die Stimme des Vorsitzenden. Den Offizier bestellt das Stellvertretende Generalkommando, die übrigen Ausschußmitglieder die Landeszentralbehörde oder die von ihr bestimmte Stelle. Jeder, dem die Aufforderung zugegangen ist, hat bei einer der nach Ziff. 1 in Frage kommenden Stellen Arbeit zu suchen. Soweit hierdurch eine Beschäftigung binnen zwei Wochen nach Zustellung der Aufforderung nicht herbeigeführt wird, findet die Überweisung zu einer Beschäftigung durch den Ausschuß statt.

Über Beschwerden entscheidet der bei dem Stellvertretenden Generalkommando nach Ziff. 2 gebildete Ausschuß. Die Beschwerde hat keine aufschiebende Wirkung.

4. Bei der Überweisung zur Beschäftigung ist auf das Lebensalter, die Familienverhältnisse, den Wohnort und die Gesundheit sowie auf die bisherige Tätigkeit des Hilfsdienstpflichtigen nach Möglichkeit Rücksicht zu nehmen.

5. Niemand darf einen Arbeiter in Beschäftigung nehmen, der bei einer der in Ziff. 1 bezeichneten Stellen beschäftigt ist oder in den letzten 14 Tagen beschäftigt gewesen ist, sofern der Arbeiter nicht eine Bescheinigung seines letzten Arbeitgebers darüber beibringt, daß er die Arbeit mit Zustimmung des Arbeitgebers aufgegeben hat. Weigert sich der Arbeitgeber, dem Arbeiter auf Antrag eine entsprechende Bescheinigung

auszustellen, so steht dem Arbeiter die Beschwerde an den in Ziff. 3 Abs. 2 erwähnten Ausschuß offen, der in diesen Fällen ohne Zuziehung des höheren Beamten endgültig entscheidet. Der Ausschuß kann nach Untersuchung des Falles, wenn ein wichtiger Grund für das Ausscheiden vorliegt, dem Arbeiter eine Bescheinigung ausstellen, die in ihrer Wirkung die vorerwähnte Bescheinigung des Arbeitgebers ersetzt. Soweit bereits Kriegsausschüsse (Schlichtungsstellen) bestehen, können sie mit Zustimmung des Kriegsamts an die Stelle der Ausschüsse treten.

6. Die durch öffentliche Bekanntmachung oder unmittelbare Anfrage des Kriegsamts oder der Ausschüsse erforderten Auskünfte über Beschäftigungs- und Arbeitsfragen sowie über Lohn- und Betriebsverhältnisse sind zu erteilen.

d) Reichstagsausschuß-Entwurf.

Der Entwurf nach den Beschlüssen des Reichstagsausschusses.

Vom 30. November 1916.

(Reichst.-Drucks. Nr. 532).

Wir Wilhelm, von Gottes Gnaden Deutscher Kaiser, König von Preußen usw.

verordnen im Namen des Reichs, nach erfolgter Zustimmung des Bundesrats und des Reichstags, was folgt:

§ 1.

Jeder männliche Deutsche vom vollendeten siebzehnten bis zum vollendeten sechzigsten Lebensjahre ist, soweit er nicht zum Dienste in der bewaffneten Macht einberufen ist, zum vaterländischen Hilfsdienst während des Krieges verpflichtet.

§ 2.

Als im vaterländischen Hilfsdienst tätig gelten alle Personen, die bei Behörden, behördlichen Einrichtungen, in der Kriegsindustrie, in der Land- und Forstwirtschaft, in der Krankenpflege, in kriegswirtschaftlichen Organisationen jeder Art oder in sonstigen Berufen oder Betrieben, die für Zwecke der Kriegführung oder der Volksversorgung unmittelbar oder mittelbar Bedeutung haben, beschäftigt sind, soweit die Zahl dieser Personen das Bedürfnis nicht übersteigt.

Hilfsdienstpflichtige, die vor dem 1. August 1916 in einem land- und forstwirtschaftlichen Betriebe tätig waren, dürfen aus diesem Berufe nicht zum Zwecke der Überweisung in eine andere Beschäftigung im vaterländischen Hilfsdienst herausgezogen werden.

§ 3.

Die Leitung des vaterländischen Hilfsdienstes liegt dem beim Königlich Preußischen Kriegsministerium errichteten Kriegsamt ob.

§ 4.

Über die Frage, ob und in welchem Umfange die Zahl der bei einer Behörde beschäftigten Personen das Bedürfnis übersteigt, entscheidet die zuständige Reichs- oder Landeszentralbehörde im Einvernehmen mit dem Kriegsamte. Über die Frage, was als behördliche Einrichtung anzusehen ist, sowie ob und in welchem Umfange die Zahl der bei einer solchen beschäftigten Personen das Bedürfnis übersteigt, entscheidet das Kriegsamt nach Benehmen mit der zuständigen Reichs- oder Landeszentralbehörde.

Im übrigen entscheiden über die Frage, ob ein Beruf oder Betrieb im Sinne des § 2 Bedeutung hat, sowie ob und in welchem Umfange die Zahl der in einem Beruf, einer Organisation oder einem Betriebe tätigen Personen das Bedürfnis übersteigt, Ausschüsse, die für den Bezirk jedes Stellvertretenden Generalkommandos oder für Teile des Bezirks zu bilden sind.

§ 5.

Jeder Ausschuß (§ 4 Abs. 2) besteht aus einem Offizier als Vorsitzenden, zwei höheren Staatsbeamten, von denen einer der Gewerbeaufsicht angehören soll, sowie aus je zwei Vertretern der Arbeitgeber und der Arbeitnehmer. Den Offizier sowie die Vertreter der Arbeitgeber und der Arbeitnehmer bestellt das Kriegsamt, in Bayern, Sachsen und Württemberg das Kriegsministerium, dem in diesen Bundesstaaten auch im übrigen der Vollzug des Gesetzes im Einvernehmen mit dem Kriegsamte zukommt. Die höheren Staatsbeamten beruft die Landeszentralbehörde oder die von ihr zu bestimmende Behörde. Erstreckt sich der Bezirk eines Stellvertretenden Generalkommandos auf die Gebiete mehrerer Bundesstaaten, so werden die Beamten von den zuständigen Behörden dieser Bundesstaaten berufen; bei den Entscheidungen des Ausschusses wirken die Beamten des Bundesstaates mit, in dessen Gebiet der beteiligte Betrieb liegt.

§ 6.

Gegen die Entscheidung des Ausschusses (§ 4 Abs. 2) findet Beschwerde an die beim Kriegsamt einzurichtende Zentralstelle statt, die aus zwei Offizieren des Kriegsamts, von denen der eine den Vorsitz führt, zwei vom Reichskanzler ernannten Beamten und einem von der Zentralbehörde desjenigen Bundesstaates zu ernennenden Beamten, welchem der Betrieb, die Organisation oder der Berufsausübende angehört, sowie je einem Vertreter der Arbeitgeber und der Arbeitnehmer besteht; für die Bestellung dieser Vertreter gilt § 5 Satz 2. Werden Marineinteressen berührt, so ist einer der Offiziere vom Reichsmarineamt zu bestellen. Bei Beschwerden gegen Entscheidungen bayerischer, sächsischer oder württembergischer Ausschüsse ist einer der Offiziere von dem Kriegsministerium des beteiligten Bundesstaats zu bestellen.

§ 7.

Die nicht im Sinne des § 2 beschäftigten Hilfsdienstpflichtigen können jederzeit zum vaterländischen Hilfsdienst herangezogen werden.

Die Heranziehung erfolgt in der Regel zunächst durch eine Aufforderung zur freiwilligen Meldung, die das Kriegsamt oder eine durch Vermittlung der Landeszentralbehörde zu bestimmende Stelle erläßt. Wird dieser Aufforderung nicht in ausreichendem Maße entsprochen, so wird der einzelne Hilfsdienstpflichtige durch besondere schriftliche Aufforderung eines Ausschusses herangezogen, der in der Regel für jeden Bezirk einer Ersatzkommission zu bilden ist und aus einem Offizier als Vorsitzenden, einem höheren Beamten und je zwei Vertretern der Arbeitgeber und der Arbeitnehmer besteht. Bei Stimmengleichheit gibt die Stimme des Vorsitzenden den Ausschlag. Für die Bestellung des Offiziers sowie der Vertreter der Arbeitgeber und der Arbeitnehmer gilt § 5 Satz 2; den höheren Beamten beruft die Landeszentralbehörde oder die von ihr zu bestimmende Behörde.

Jeder, dem die besondere schriftliche Aufforderung zugegangen ist, hat bei einer der nach § 2 in Frage kommenden Stellen Arbeit zu suchen. Soweit hierdurch eine Beschäftigung binnen zwei Wochen nach Zustellung der Aufforderung nicht herbeigeführt wird, findet die Überweisung zu einer Beschäftigung durch den Ausschuß statt.

Über Beschwerden gegen die Überweisung entscheidet der bei dem Stellvertretenden Generalkommando gebildete Ausschuß (§ 4 Abs. 2). Die Beschwerde hat keine aufschiebende Wirkung.

§ 8.

Bei der Überweisung zur Beschäftigung ist auf das Lebensalter, die Familienverhältnisse, den Wohnort und die Gesundheit sowie auf die bisherige Tätigkeit des Hilfsdienstpflichtigen nach Möglichkeit Rücksicht zu nehmen.

§ 9.

Niemand darf einen Hilfsdienstpflichtigen in Beschäftigung nehmen, der bei einer der im § 2 bezeichneten Stellen beschäftigt ist oder in den letzten zwei Wochen beschäftigt gewesen ist, sofern der Hilfsdienstpflichtige nicht eine Bescheinigung seines letzten Arbeitgebers darüber beibringt, daß er die Beschäftigung mit dessen Zustimmung aufgegeben hat.

Weigert sich der Arbeitgeber, die von dem Hilfsdienstpflichtigen beantragte Bescheinigung auszustellen, so steht diesem die Beschwerde an einen Ausschuß zu, der in der Regel für jeden Bezirk einer Ersatzkommission zu bilden ist und aus einem Beauftragten des Kriegsamts als Vorsitzenden sowie aus je drei Vertretern der Arbeitgeber und der Arbeitnehmer besteht. Je zwei dieser Vertreter sind ständig, die übrigen sind aus der Berufsgruppe zu entnehmen, welcher der beteiligte Hilfsdienstpflichtige angehört. Erkennt der Ausschuß nach Untersuchung des Falles an, daß ein wichtiger Grund für das Ausscheiden vorliegt, so stellt er eine Bescheinigung aus, die in ihrer Wirkung die Bescheinigung des Arbeitgebers ersetzt.

Bei der Entscheidung der Frage, ob ein wichtiger Grund vorliegt, ist auf die Bedürfnisse des vaterländischen Hilfsdienstes Rücksicht zu nehmen. Als wichtiger Grund soll insbesondere eine angemessene Verbesserung der Arbeitsbedingungen im vaterländischen Hilfsdienste gelten.

§ 10.

Die Anweisung für das Verfahren bei den in § 4 Abs. 2, § 7 Abs. 2, § 9 Abs. 2 bezeichneten Ausschüssen erläßt das Kriegsamt.

Für die Berufung der Vertreter der Arbeitgeber und der Arbeitnehmer in die Ausschüsse (§§ 5, 6, § 7 Abs. 2, § 9 Abs. 2) durch das Kriegsamt sind Vorschlagslisten wirtschaftlicher Organisationen der Arbeitgeber und der Arbeitnehmer einzuholen.

Soweit zur Wahrnehmung der Obliegenheiten der in § 9 Abs. 2 bezeichneten Ausschüsse bereits ähnliche Ausschüsse (Kriegsausschüsse usw.) bestehen, können sie mit Zustimmung des Kriegsamts an die Stelle jener Ausschüsse treten.

§ 11.

In allen für den vaterländischen Hilfsdienst tätigen Betrieben, für die Titel VII der Gewerbeordnung gilt und in denen in der Regel mindestens einhundert Arbeiter beschäftigt werden, müssen ständige Arbeiterausschüsse bestehen.

Soweit für solche Betriebe ständige Arbeiterausschüsse nach § 134h der Gewerbeordnung oder nach den Berggesetzen nicht bestehen, sind sie zu errichten. Die Mitglieder dieser Arbeiterausschüsse werden von den volljährigen Arbeitern des Betriebs oder der Betriebsabteilung aus ihrer Mitte in unmittelbarer und geheimer Wahl nach den Grundsätzen der Verhältniswahl gewählt. Das Nähere bestimmt die Landeszentralbehörde.

Unter den gleichen Voraussetzungen sind für die Angestellten besondere Angestelltenausschüsse zu errichten.

§ 12.

Dem Arbeiterausschusse liegt ob, das gute Einvernehmen innerhalb der Arbeiterschaft des Betriebs und zwischen der

Arbeiterschaft und dem Arbeitgeber zu fördern. Er hat Anträge, Wünsche und Beschwerden der Arbeiterschaft, die sich auf die Betriebseinrichtungen, die Lohn- und sonstigen Arbeitsverhältnisse des Betriebs und seiner Wohlfahrtseinrichtungen beziehen, zur Kenntnis des Unternehmers zu bringen und sich darüber zu äußern.

Auf Verlangen von mindestens einem Viertel der Mitglieder des Arbeiterausschusses muß eine Sitzung anberaumt und der beantragte Beratungsgegenstand auf die Tagesordnung gesetzt werden.

§ 13.

Kommt in einem Betriebe der im § 11 bezeichneten Art bei Streitigkeiten über die Lohn- oder sonstigen Arbeitsbedingungen eine Einigung zwischen dem Arbeitgeber und dem Arbeiterausschusse nicht zustande, so kann, wenn nicht beide Teile ein Gewerbegericht oder ein Berggewerbegericht oder ein Einigungsamt einer Innung als Einigungsamt anrufen, von jedem Teile der im § 9 Abs. 2 bezeichnete Ausschuß als Schlichtungsstelle angerufen werden. In diesem Falle finden die §§ 66, 68 bis 73 des Gewerbegerichtsgesetzes entsprechende Anwendung mit der Maßgabe, daß ein Schiedsspruch auch dann abzugeben ist, wenn einer der beiden Teile nicht erscheint oder nicht verhandelt, sowie daß Personen, die an der einzelnen Streitsache als Arbeitgeber oder als Mitglied des Arbeiterausschusses beteiligt gewesen sind, bei dem Schiedsspruche nicht mitwirken dürfen.

Besteht in einem für den vaterländischen Hilfsdienst tätigen Betriebe, für den Titel VII der Gewerbeordnung gilt, ein ständiger Arbeiterausschuß weder nach der Gewerbeordnung oder den Berggesetzen noch nach § 11 Abs. 2 dieses

Gesetzes, so kann bei Streitigkeiten zwischen der Arbeiterschaft und dem Arbeitgeber über die Lohn- oder sonstigen Arbeitsbedingungen der im § 9 Abs. 2 bezeichnete Ausschuß als Schlichtungsstelle angerufen werden. Die Bestimmungen des Abs. 1 Satz 2 gelten entsprechend.

Unterwirft sich der Arbeitgeber dem Schiedsspruche nicht, so ist den beteiligten Arbeitern auf ihr Verlangen die zum Aufgeben der Arbeit berechtigende Bescheinigung (§ 9) zu erteilen. Unterwerfen sich die Arbeiter dem Schiedsspruche nicht, so darf ihnen aus der dem Schiedsspruche zugrunde liegenden Veranlassung die Bescheinigung nicht erteilt werden.

§ 14.

Für die industriellen Betriebe der Heeres- und Marineverwaltung sind durch die zuständigen Dienstbehörden Vorschriften im Sinne der §§ 11 bis 13 zu erlassen.

§ 15.

Die durch öffentliche Bekanntmachung oder unmittelbare Anfrage des Kriegsamts oder der Ausschüsse erforderten Auskünfte über Beschäftigungs- und Arbeitsfragen sowie über Lohn- und Betriebsverhältnisse sind zu erteilen.

Das Kriegsamt ist befugt, den Betrieb durch einen Beauftragten einsehen zu lassen.

§ 16.

Mit Gefängnis bis zu einem Jahre und mit Geldstrafe bis zu zehntausend Mark oder mit einer dieser Strafen oder mit Haft wird bestraft:

1. wer der auf Grund des § 7 Abs. 3 angeordneten Überweisung zu einer Beschäftigung nicht nachkommt, oder sich ohne dringenden Grund beharrlich weigert, die ihm zugewiesene Arbeit zu verrichten;
2. wer der Vorschrift im § 9 Abs. 1 zuwider einen Arbeiter beschäftigt;
3. wer die im § 15 vorgesehene Auskunft innerhalb der festgesetzten Frist nicht erteilt oder bei der Auskunfterteilung wissentlich unwahre oder unvollständige Angaben macht.

§ 17.

Der Bundesrat erläßt die zur Ausführung dieses Gesetzes erforderlichen Bestimmungen; allgemeine Verordnungen bedürfen der Zustimmung eines vom Reichstag aus seiner Mitte gewählten Ausschusses von fünfzehn Mitgliedern.

Das Kriegsamt ist verpflichtet, den Ausschuß über alle wichtigen Vorgänge auf dem Laufenden zu halten, ihm auf Verlangen Auskunft zu geben, seine Vorschläge entgegenzunehmen und vor Erlaß wichtiger Anordnungen allgemeiner Art seine Meinungsäußerung einzuholen.

Der Ausschuß ist zum Zusammentritt während der Unterbrechung der Verhandlungen des Reichstags berechtigt.

Der Bundesrat kann Zuwiderhandlungen gegen die Ausführungsbestimmungen mit Gefängnis bis zu einem Jahre und mit Geldstrafe bis zu zehntausend Mark oder mit einer dieser Strafen oder mit Haft bedrohen.

§ 18.

Das Gesetz tritt mit dem Tage der Verkündung in Kraft. Der Bundesrat bestimmt den Zeitpunkt des Außerkrafttretens.

Macht der Bundesrat von dieser Befugnis binnen eines Monats nach Friedensschluß mit den europäischen Großmächten keinen Gebrauch, so tritt das Gesetz außer Kraft.

Urkundlich usw.

Gegeben usw.

Berlin, den 30. November 1916.

Dr. Spahn. Bassermann. Bauer (Breslau). Becker (Arnsberg). Behrens. Ebert. Erzberger. Giesberts. Gothein. Gröber. Hoch. Krätzig. Legien. Leicht. Dr. Matzinger. Noske. v. Payer. Schiffer (Magdeburg). Dr. Stresemann. Dr. Südekum. Dr. Wiemer.

III.

Ausführungsbestimmungen.

1. Bekanntmachung, betreffend Übergangsbestimmungen zu den §§ 9 und 10 des Gesetzes über den vaterländischen Hilfsdienst.

Vom 21. Dezember 1916.

(RGBl. S. 1410.)

Der Bundesrat hat auf Grund des § 19 des Gesetzes über den vaterländischen Hilfsdienst vom 5. Dezember 1916 (RGBl. S. 1333) mit Zustimmung des vom Reichstag gewählten Ausschusses folgende Verordnung erlassen:

§ 1.

Solange die im § 9 Abs. 2 des Gesetzes vorgesehenen Ausschüsse noch nicht in Tätigkeit treten können, werden deren Obliegenheiten mit gleicher Wirkung durch vorläufige Ausschüsse wahrgenommen, die von den stellvertretenden Generalkommandos nach Bedarf eingerichtet werden; die Beachtung des § 10 Abs. 2 des Gesetzes ist nicht erforderlich.

§ 2.

Soweit zur Wahrnehmung der Obliegenheiten der im § 9 Abs. 2 des Gesetzes bezeichneten Ausschüsse bereits ähnliche Ausschüsse (Kriegsausschüsse usw.) bestehen, können sie mit

Zustimmung der stellvertretenden Generalkommandos, in Bayern des Kriegsministeriums, auch an die Stelle der vorläufigen Ausschüsse treten.

§ 3.

Die Anweisung für das Verfahren bei den vorläufigen Ausschüssen erläßt das Kriegsamt.

§ 4.

Die Verordnung tritt mit dem Tage der Verkündung in Kraft und am 1. Februar 1917 außer Kraft.

---

2. Bekanntmachung, betreffend Bestimmungen zur Ausführung des Gesetzes über den vaterländischen Hilfsdienst.

Vom 21. Dezember 1916.

(RGBl. S. 1411.)

Der Bundesrat hat auf Grund des § 19 des Gesetzes über den vaterländischen Hilfsdienst vom 5. Dezember 1916 (RGBl. S. 1333) mit Zustimmung des vom Reichstag gewählten Ausschusses folgende Verordnung erlassen:

§ 1.

Das Kriegsamt errichtet die nach § 6 des Gesetzes beim Kriegsamt einzurichtende Zentralstelle sowie die nach § 4 Abs. 2, § 7 Abs. 2, § 9 Abs. 2 des Gesetzes zu bildenden Ausschüsse und bestimmt Bezirk und Sitz dieser Ausschüsse. In Bayern, Sachsen und Württemberg bildet das Kriegsministerium im Einvernehmen mit dem Kriegsamt die Ausschüsse und bestimmt ihren Bezirk und Sitz.

§ 2.

Für die Offiziere und die Beamten in der Zentralstelle und den Ausschüssen ist mindestens je ein Stellvertreter, für die Vertreter der Arbeitgeber und der Arbeitnehmer in der Zentralstelle und den Ausschüssen sind nach Bedarf Stellvertreter zu bestellen. Für die Bestellung der Stellvertreter gelten die Bestimmungen des Gesetzes über die Bestellung der ordentlichen Mitglieder.

§ 3.

Zu Vertretern der Arbeitgeber und der Arbeitnehmer in der Zentralstelle und den Ausschüssen sowie zu Stellvertretern für sie dürfen nur volljährige männliche Deutsche bestellt werden. Nicht bestellt werden darf, erstens: wer infolge strafgerichtlicher Verurteilung die Fähigkeit zur Bekleidung öffentlicher Ämter verloren hat oder wegen eines Verbrechens oder Vergehens, das den Verlust dieser Fähigkeit zur Folge haben kann, verfolgt wird, falls gegen ihn das Hauptverfahren eröffnet ist, zweitens wer infolge gerichtlicher Anordnung in der Verfügung über sein Vermögen beschränkt ist.

§ 4.

Wer gemäß § 3 zum Vertreter der Arbeitgeber oder der Arbeitnehmer oder zum Stellvertreter eines solchen Vertreters bestellt ist, kann die Übernahme des Amtes nur ablehnen, wenn er erstens das 60. Lebensjahr vollendet hat, zweitens mehr als vier minderjährige eheliche Kinder hat; Kinder, die ein anderer an Kindes Statt angenommen hat, werden dabei nicht gerechnet, drittens durch Krankheit oder Gebrechen verhindert ist, das Amt ordnungsmäßig zu führen, viertens mehr als eine Vormundschaft oder Pflegschaft führt. Die Vormundschaft oder Pflegschaft über mehrere Geschwister gilt nur als eine; zwei Gegenvormundschaften stehen einer Vormundschaft gleich.

§ 5.

Wer die Übernahme des Amtes als Vertreter der Arbeitgeber oder der Arbeitnehmer oder als Stellvertreter eines solchen Vertreters ohne zulässigen Grund ablehnt, kann vom Vorsitzenden der Zentralstelle, wenn er für diese bestellt ist, sonst vom Vorsitzenden des Ausschusses, für den er bestellt ist, mit Geldstrafe bis zu 500 M. bestraft werden. Ebenso kann bestraft werden, wer sich ohne genügende Entschuldigung nicht rechtzeitig zu den Sitzungen einfindet oder sich seinen Obliegenheiten in anderer Weise entzieht. Auf Beschwerde entscheidet das Kriegsamt, in Bayern, Sachsen und Württemberg das Kriegsministerium endgültig.

§ 6.

Die Vertreter der Arbeitgeber und der Arbeitnehmer in der Zentralstelle und den Ausschüssen verwalten ihr Amt unentgeltlich als Ehrenamt.

Sie erhalten Tagegelder im Betrage von fünfzehn Mark und Ersatz der notwendigen Fahrkosten; bei Eisenbahnfahrten wird der Betrag für die zweite Wagenklasse, bei Benutzung von Schiffen der Betrag für die erste Klasse erstattet.

§ 7.

Die Vertreter der Arbeitnehmer haben ihrem Arbeitgeber jede Einberufung zu Sitzungen der Zentralstelle oder der Ausschüsse anzuzeigen. Tun sie es ohne schuldhaftes Zögern, so gibt das Fernbleiben von der Arbeit dem Arbeitgeber keinen wichtigen Grund, das Arbeitsverhältnis ohne Einhaltung einer Kündigungsfrist zu lösen.

§ 8.

Den Arbeitgebern und ihren Angestellten ist untersagt, die Vertreter der Arbeitnehmer in der Übernahme oder Ausübung des Ehrenamts (§ 6) zu beschränken oder sie wegen der Übernahme oder der Art der Ausübung des Ehrenamts zu benachteiligen. Arbeitgeber oder ihre Angestellten, die dagegen verstoßen, werden mit Geldstrafe bis zu dreihundert Mark oder mit Haft bestraft.

§ 9.

Der Vorsitzende und die übrigen Mitglieder der Zentralstelle und der Ausschüsse sind verpflichtet, über Geschäfts-, Betriebs- und Berufsgeheimnisse, die ihnen in dieser Eigenschaft bekannt werden, Amtsverschwiegenheit zu beobachten.

Mit Geldstrafe bis zu dreitausend Mark oder mit Gefängnis bis zu drei Monaten wird bestraft, wer der Vorschrift im Abs. 1 zuwider Geheimnisse unbefugt offenbart. Wer dies tut, um den Inhaber des Geschäfts, Betriebs oder Berufs zu schädigen oder sich oder anderen einen Vermögensvorteil zu verschaffen, oder wer in gleicher Absicht ein Geheimnis der im Abs. 1 genannten Arten verwertet, wird mit Gefängnis bis zu einem Jahre und mit Geldstrafe bis zu zehntausend Mark oder mit einer dieser Strafen bestraft.

Die Verfolgung tritt nur auf Antrag ein.

§ 10.

Die Behörden und behördlichen Einrichtungen sind verpflichtet, den im Vollzuge des Gesetzes über den vaterländischen Hilfsdienst an sie ergehenden Ersuchen des Kriegsamts, der Zentralstelle und der Ausschüsse zu entsprechen.

Dies gilt auch für Ersuchen, die von den Königlich bayerischen, sächsischen und württembergischen Kriegsministerien im Vollzuge des Gesetzes gestellt werden.

§ 11.

Vor Erlaß der Entscheidung nach § 4 Abs. 2 des Gesetzes hat der Ausschuß die Gemeindebehörde und nach Lage des Falles die zuständige amtliche Vertretung der Industrie und des Handels, des Handwerks, der Landwirtschaft oder anderer Berufsstände zu hören. In geeigneten Fällen sollen auch Fachvereine und sonstige nichtamtliche wirtschaftliche Verbände gehört werden. Werden Marineinteressen berührt, so ist auf Verlangen des Reichsmarinamts ein Marineoffizier oder Marinebeamter zu hören.

§ 12.

Die nach § 5 verhängten Geldstrafen werden wie Gemeindeabgaben beigetrieben. Einwendungen gegen die Zahlungspflicht haben aufschiebende Wirkung. Dem Beitreibungsverfahren hat ein Mahnverfahren voranzugehen; die Mahngebühr wird, soweit erforderlich, vom Kriegsamt, in Bayern, Sachsen und Württemberg vom Kriegsministerium festgesetzt und wird wie die Geldstrafe beigetrieben. Die Geldstrafen fließen in die Reichskasse.

§ 13.

Die Verordnung tritt mit dem Tage der Verkündung in Kraft.

3. Bekanntmachung, betreffend Bestimmungen zur Ausführung des Gesetzes über den vaterländischen Hilfsdienst.

Vom 30. Januar 1917.

(RGBl. S. 85.)

Der Bundesrat hat auf Grund des § 19 des Gesetzes über den vaterländischen Hilfsdienst vom 5. Dezember 1916 (RGBl. S. 1333) mit Zustimmung des vom Reichstag gewählten Ausschusses folgende Verordnung erlassen:

§ 1.

Wird das Beschäftigungsverhältnis eines Hilfsdienstpflichtigen durch den Arbeitgeber oder mit seiner Zustimmung aufgelöst, so hat dieser dem Hilfsdienstpflichtigen hierüber eine Bescheinigung (Abkehrschein) auszustellen.

§ 2.

Erhebt ein Hilfsdienstpflichtiger, dem der Abkehrschein verweigert wird, nicht Beschwerde gemäß § 9 Abs. 2 des Gesetzes bei dem Ausschuß, so kann er von diesem trotzdem eine schriftliche Auskunft darüber verlangen, ob der Betrieb seines bisherigen Arbeitgebers oder die Organisation, bei welcher er bisher beschäftigt war, eine der im § 2 des Gesetzes bezeichneten Stellen ist. Die Auskunft erteilt der Vorsitzende des Ausschusses, sofern er nicht hiermit eine andere Stelle betraut hat.

Ist die Auskunft erteilt, daß der Betrieb des bisherigen Arbeitgebers oder die Organisation, bei welcher der Hilfsdienstpflichtige zuletzt beschäftigt war, eine der im § 2 des Gesetzes bezeichneten Stellen nicht ist, so darf der Hilfsdienstpflichtige in Beschäftigung genommen werden.

Durch die Auskunft wird der Entscheidung nach § 4 Abs. 2 und § 6 des Gesetzes nicht vorgegriffen.

Abschrift der Auskunft ist dem bisherigen Arbeitgeber und der zuständigen Kriegsamtsstelle zu übersenden.

§ 3.

Jeder Arbeitgeber, der sich weigert, den von dem Hilfsdienstpflichtigen beantragten Abkehrschein (§ 1) auszustellen, ist verpflichtet, den Hilfsdienstpflichtigen zu Arbeitsbedingungen, die mindestens nicht ungünstiger als die bisherigen sind, weiter zu beschäftigen.

§ 4.

Der Hilfsdienstpflichtige, der von der Beschwerde nach § 9 Abs. 2 des Gesetzes Gebrauch macht, hat das Beschäftigungsverhältnis bis zur Entscheidung über seine Beschwerde fortzusetzen, es sei denn, daß ihm die Fortsetzung nach den Umständen des Falles nicht zugemutet werden kann. Hierüber entscheidet auf Anruf durch den Arbeitgeber oder Arbeitnehmer der Vorsitzende des Ausschusses.

§ 5.

Aus dem Abkehrscheine müssen Name oder Firma des Arbeitgebers oder der Organisation sowie Ort, Straße und Hausnummer der Beschäftigungsstelle, wo der Hilfsdienstpflichtige zuletzt tätig war, sowie die Dauer der letzten Beschäftigung ersichtlich sein.

Der Abkehrschein muß auf einem besonderen, von den Arbeitspapieren des Hilfsdienstpflichtigen getrennten Blatte erteilt werden.

Bei Eingehung eines anderen Beschäftigungsverhältnisses hat der neue Arbeitgeber dem Hilfsdienstpflichtigen den Schein abzunehmen.

Die Bestimmungen im Abs. 1 bis 3 gelten auch für die Bescheinigungen nach § 9 Abs. 2 des Gesetzes.

§ 6.

Die Bescheinigungen nach § 9 des Gesetzes und nach § 1 dieser Verordnung sind stempelfrei. Das gleiche gilt für die nach § 2 dieser Verordnung erteilten Auskünfte.

§ 7.

Das Verfahren vor der Zentralstelle beim Kriegsamt, vor den nach § 4 Abs. 2, § 7 Abs. 2, § 9 Abs. 2 des Gesetzes gebildeten Ausschüssen und vor den Vorsitzenden dieser Ausschüsse ist gebühren- und stempelfrei.

§ 8.

Auf die Verpflichtung zur Abgabe eines Zeugnisses oder Gutachtens finden im Verfahren vor den Schlichtungsausschüssen die Vorschriften der Zivilprozeßordnung entsprechende Anwendung.

§ 9.

Der Vorsitzende der Zentralstelle oder eines Ausschusses kann Zeugen oder Sachverständige, die ohne genügende Entschuldigung sich nicht oder nicht rechtzeitig einfinden oder die ihre Aussage unberechtigt verweigern, mit Geldstrafe bis zu einhundert Mark bestrafen.

Ebenso kann er einen Beteiligten bestrafen, der ohne genügende Entschuldigung sich nicht oder nicht rechtzeitig zu einer mündlichen Verhandlung einfindet, zu welcher sein persönliches Erscheinen angeordnet ist.

Auf Einspruch gegen die Festsetzung einer Strafe nach Abs. 1, 2 entscheidet die Zentralstelle oder der Ausschuß endgültig.

§ 10.

Die Zentralstelle und die Ausschüsse sind befugt, die Amtsgerichte um die eidliche Vernehmung von Zeugen und Sachverständigen zu ersuchen.

§ 11.

Ein Hilfsdienstpflichtiger, der nach Empfang der besonderen schriftlichen Aufforderung (§ 7 Abs. 2 Satz 2 des Gesetzes) bei einer der im § 2 des Gesetzes bezeichneten Stellen Beschäftigung erhält, hat hiervon unverzüglich dem Ausschuß, von dem die Aufforderung ergangen ist, unter Angabe des Arbeitgebers und der Art der Beschäftigung Mitteilung zu machen. Die Richtigkeit dieser Angabe hat der Arbeitgeber durch seine Unterschrift zu bestätigen.

Unterläßt der Hilfsdienstpflichtige die Mitteilung, so kann er vom Vorsitzenden des Ausschusses mit Geldstrafe bis zu zwanzig Mark bestraft werden, wenn er hierauf in dem Aufforderungsbescheide hingewiesen ist.

Dem Aufforderungsbescheid ist ein zur Versendung mit der Post geeigneter Vordruck beizufügen, der die Mitteilung der nach Abs. 1 erforderlichen Angaben durch Ausfüllung ermöglicht.

§ 12.

Auf die Beitreibung und die Verwendung der nach §§ 9 und 11 verhängten Geldstrafen findet die Vorschrift des § 12 der Bekanntmachung, betreffend Bestimmungen zur Ausführung des Gesetzes über den vaterländischen Hilfsdienst, vom 21. Dezember 1916 (RGBl. S. 1411) Anwendung.

§ 13.

Den Arbeitgebern und ihren Vertretern ist untersagt, die Arbeiter oder die nach dem Versicherungsgesetze für Angestellte versicherungspflichtigen Angestellten ihres Betriebs in der Ausübung des Wahlrechts bei den nach § 11 Abs. 2, 3 des Gesetzes vorzunehmenden Wahlen zu den Arbeiterausschüssen oder den Angestelltenausschüssen oder in der Übernahme oder Ausübung der Tätigkeit als Mitglied eines solchen Ausschusses zu beschränken oder sie wegen der Übernahme oder der Art der Ausübung zu benachteiligen.

Arbeitgeber oder ihre Vertreter, die dagegen verstoßen, werden mit Geldstrafe bis zu dreihundert Mark oder mit Haft bestraft.

§ 14.

Die Verordnung tritt mit dem Tage der Verkündung in Kraft.

Berlin, den 30. Januar 1917.

Der Stellvertreter des Reichskanzlers.

Dr. Helfferich.

---

4. Bekanntmachung, betreffend Bestimmungen zur Ausführung des § 7 des Gesetzes über den vaterländischen Hilfsdienst.

Vom 1. März 1917.

(RGBl. S. 202.)

Der Bundesrat hat auf Grund des § 19 des Gesetzes über den vaterländischen Hilfsdienst vom 5. Dezember 1916 (RGBl. S. 1333) mit Zustimmung des vom Reichstag gewählten Ausschusses folgende Verordnung erlassen:

§ 1.

Zum Zwecke der Heranziehung zum vaterländischen Hilfsdienst haben die Ortsbehörden eine Nachweisung zu liefern, in die alle in der Zeit nach dem 30. Juni 1857 und vor dem 1. Januar 1870 geborenen, nicht mehr landsturmpflichtigen männlichen Deutschen aufzunehmen sind, soweit sie nicht unter die im § 5 dieser Verordnung vorgesehenen Ausnahmebestimmungen fallen.

Die Nachweisung ist in Form einer Sammlung von Karten, für die das anliegende Muster*) maßgebend ist, anzulegen und bis zum 31. März 1917 dem zuständigen Einberufungsausschusse (§ 7 Abs. 2 des Gesetzes) zur Verfügung zu stellen. Bestehen für den Bezirk einer Ortsbehörde mehrere Einberufungsausschüsse, so regelt die Kriegsamtsstelle die Zuständigkeit.

§ 2.

Die im § 1 Abs. 1 bezeichneten Personen haben sich auf öffentliche Aufforderung der Ortsbehörde zu der in der Aufforderung bestimmten Zeit bei der darin angegebenen Stelle persönlich zu melden und die für die Ausfüllung der Meldekarten (§ 1 Abs. 2) erforderlichen Angaben zu machen.

Die Meldung hat am Wohnort des Meldepflichtigen zu erfolgen.

§ 3.

Von der persönlichen Meldung ist befreit, wer sich bis zu dem in der Aufforderung bestimmten Zeitpunkt bei der darin angegebenen Stelle schriftlich unter ordnungsmäßiger

---

*) Das Muster ist hier nicht mit abgedruckt.

Ausfüllung der vorgeschriebenen Karte meldet. Für diese Karte ist ebenfalls das anliegende Muster maßgebend.

In der Aufforderung ist bekanntzugeben, wo die Meldepflichtigen die Meldekarten erhalten.

§ 4.

Genügen die Angaben in der schriftlichen Meldung nicht oder bestehen Bedenken gegen ihre Richtigkeit, so hat der Meldepflichtige sie zu ergänzen oder aufzuklären. Die Ortsbehörde kann ihn zu diesem Zwecke vorladen und sein Erscheinen nach den landesrechtlichen Vorschriften erzwingen.

§ 5.

Von der Aufnahme in die Nachweisungen und von der Meldepflicht sind ausgenommen die Personen, die mindestens seit dem 1. März 1917 selbständig oder unselbständig im Hauptberuf tätig sind:

1. im Reichs-, Staats-, Gemeinde- oder Kirchendienste,
2. in der öffentlichen Arbeiter- und Angestelltenversicherung,
3. als Ärzte, Zahnärzte, Tierärzte oder Apotheker,
4. in der Land- oder Forstwirtschaft,
5. in der See- oder Binnenfischerei,
6. in der See- oder Binnenschiffahrt,
7. im Eisenbahnbetrieb, einschließlich des Betriebs der Klein- und Straßenbahnen,
8. auf Werften,
9. in Berg- oder Hüttenbetrieben.
10. in der Pulver-, Sprengstoff-, Munitions- oder Waffenfabrikation,
11. in einzelnen kriegswichtigen Betrieben, die von den Kriegsamtsstellen für ihre Bezirke bezeichnet werden.

Auf die hiernach für den Bezirk einer Ortsbehörde bestehenden Ausnahmen ist in der öffentlichen Aufforderung hinzuweisen.

§ 6.

Gibt ein bisher nach § 5 von der Meldepflicht Befreiter die dort bezeichnete Tätigkeit auf oder wechselt er seine Beschäftigungsstelle, so hat er sich spätestens am dritten darauf folgenden Werktag bei der von der Ortsbehörde öffentlich bekanntzugebenden Stelle persönlich zu melden und die für die Ausfüllung der Meldekarte (§ 1 Abs. 2) erforderlichen Angaben zu machen. Die Meldung hat am Wohnort, bei dessen Wechsel am neuen Wohnort zu erfolgen. Sie kann auch schriftlich unter ordnungsmäßiger Ausfüllung der vorgeschriebenen Karte bis zu dem von der Ortsbehörde bestimmten Zeitpunkt geschehen; dabei gilt § 4. Die Ortsbehörde gibt die ausgefüllte Meldekarte an den zuständigen Einberufungsausschuß weiter.

Außerdem hat der Arbeitgeber, wenn ein bisher nach § 5 von der Meldepflicht Befreiter die dort bezeichnete Tätigkeit bei ihm aufgibt, dies spätestens am dritten darauf folgenden Werktag dem zuständigen Einberufungsausschusse mitzuteilen. Bei Beschäftigungen im Reichs-, Staats-, Gemeinde- oder Kirchendienste hat der unmittelbare Vorgesetzte die Mitteilung zu machen.

Die Vorschriften in Abs. 1, 2 beziehen sich nicht auf den Fall, daß ein bei einer Reichs-, Staats-, Gemeinde- oder Kirchenbehörde angestellter oder beschäftigter Beamter zwecks Verwendung an einer anderen Dienststelle derselben Behörde oder im Dienste einer anderen Behörde versetzt oder vorübergehend abgeordnet wird.

§ 7.

Gibt ein in die Nachweisung Aufgenommener seine bisherige Tätigkeit auf oder wechselt er seine Beschäftigungsstelle oder seine Wohnung, so hat er dies spätestens am dritten darauf folgenden Werktag dem zuständigen Einberufungsausschusse mitzuteilen. Dabei ist eine neue Tätigkeit, Beschäftigungsstelle oder Wohnung anzugeben. Über die Meldung des Wohnungswechsels bestimmt das Kriegsamt, in Bayern, Sachsen und Württemberg das Kriegsministerium das Nähere.

§ 8.

Die Vordrucke für die Meldekarten stellt das Kriegsamt, in Bayern, Sachsen und Württemberg das Kriegsministerium den Ortsbehörden zur Verfügung.

Die den Ortsbehörden durch die Aufstellung der Nachweisungen und durch die späteren Meldungen und Mitteilungen (§§ 6, 7) nachweislich entstandenen Kosten trägt das Reich. Sie sind bei dem vom Kriegsamt, in Bayern, Sachsen und Württemberg vom Kriegsministerium zu bezeichnenden Einberufungsausschusse vierteljährlich anzufordern.

§ 9.

Die Landeszentralbehörden bestimmen, welche Stellen als Ortsbehörden im Sinne dieser Verordnung gelten.

§ 10.

Mit Gefängnis bis zu drei Monaten oder mit Geldstrafe bis zu sechshundert Mark wird bestraft, wer bei der Meldung (§§ 2, 3, § 6 Abs. 1) wissentlich unwahre Angaben macht.

Mit Geldstrafe bis zu einhundertfünfzig Mark oder mit Haft wird bestraft, wer die in §§ 2, 3, 6, 7 vorgeschriebenen Meldungen oder Mitteilungen schuldhaft unterläßt.

§ 11.

Die Verordnung tritt mit dem Tage ihrer Verkündung in Kraft.

Berlin, den 1. März 1917.

Der Stellvertreter des Reichskanzlers.

Dr. Helfferich.

IV.

Anweisung über das Verfahren bei den auf Grund des Hilfsdienstgesetzes gebildeten Ausschüssen.*)

Vom 30. Januar 1917.

(RGBl. S. 87.)

Auf Grund des § 10 des Gesetzes über den vaterländischen Hilfsdienst vom 5. Dezember 1916 (RGBl. S. 1333) wird folgendes bestimmt:

---

*) Über die Errichtung von Arbeiterausschüssen und Angestelltenausschüssen auf Grund des Gesetzes über den vaterländischen Hilfsdienst hat der preußische Handelsminister eingehende Ausführungsbestimmungen erlassen. Sie gelten für Betriebe, in denen in der Regel mindestens 50 Arbeiter oder in denen mehr als 50 Angestellte beschäftigt werden. Die Ausschüsse sind vom Betriebsunternehmer entweder für den gesamten Betrieb oder für die einzelnen Betriebsabteilungen zu errichten. Jedenfalls müssen alle Arbeiter oder Angestellten vertreten sein. Die Ausschüsse bestehen für Betriebe bis zu 250 Arbeitern oder Angestellten aus mindestens 5 Mitgliedern. Für je 50 weitere bis 500 erhöht sich die Zahl der Mitglieder der Ausschüsse um mindestens eins. Bei mehr als 500 Arbeitern oder Angestellten müssen sie aus mindestens 10 Mitgliedern bestehen. Ersatzmänner sind in der doppelten Zahl der Mitglieder zu wählen. Wahlberechtigt und wählbar sind die volljährigen Arbeiter oder versicherungspflichtigen Angestellten des Betriebs oder der Betriebsabteilung deutscher Reichsangehörigkeit ohne Unterschied des Geschlechts.

§ 1.

Zuständig ist:

1. im Falle des § 4 Abs. 2 des Gesetzes der Ausschuß (Feststellungsausschuß), in dessen Bezirk der Beruf ausgeübt wird oder die Organisation oder der Betrieb oder Zweigstellen derselben ihren Sitz haben;
2. im Falle des § 7 Abs. 2 des Gesetzes der Ausschuß (Einberufungsausschuß), in dessen Bezirk der Hilfsdienstpflichtige seinen Wohnsitz hat oder sich aufhält;
3. im Falle des § 9 Abs. 2 des Gesetzes der Ausschuß (Schlichtungsausschuß), in dessen Bezirk das Unternehmen liegt, bei dem der Hilfsdienstpflichtige die der Beschwerde zugrunde liegende Beschäftigung ausübt oder ausgeübt hat, und, wenn diese Beschäftigung au einem Orte außerhalb des Bezirks stattfindet oder stattgefunden hat, auch der Ausschuß, in dessen Bezirk dieser Ort liegt.

Kommen Orte außerhalb des Deutschen Reichs in Frage, so kann der Vorsitzende der Zentralstelle den zuständigen Ausschuß bestimmen.

§ 2.

Ist eine Zuständigkeit nach den Vorschriften des § 1 nicht gegeben, so bestimmt der Vorsitzende der Zentralstelle den zuständigen Ausschuß.

§ 3.

Erachtet der Vorsitzende des angegangenen Ausschusses diesen für unzuständig, so hat er die Sache dem von ihm für zuständig erachteten Ausschuß zu überweisen. Hält der Vorsitzende dieses Ausschusses ihn gleichfalls für unzuständig, so bestimmt der Vorsitzende der Zentralstelle den zuständigen Ausschuß.

§ 4.

Werden mehrere an sich zuständige Ausschüsse mit derselben Angelegenheit befaßt und wird eine Einigung über die weitere Behandlung unter ihnen nicht erzielt, so bestimmt der Vorsitzende der Zentralstelle den zuständigen Ausschuß.

§ 5.

Entscheidungen und Anordnungen sind nicht aus dem Grunde unwirksam, weil sie von einem örtlich unzuständigen Ausschuß ergangen sind.

§ 6.

Die Mitglieder der Ausschüsse und der Zentralstelle werden vor der erstmaligen Ausübung ihres Amtes vom Vorsitzenden durch Handschlag zur unparteiischen und gewissenhaften Führung ihres Amtes und zur Verschwiegenheit (§ 9 Abs. 1 der Bekanntmachung, betreffend Bestimmungen zur Ausführung des Gesetzes über den vaterländischen Hilfsdienst, vom 21. Dezember 1916 — RGBl. S. 1411 —) verpflichtet.

§ 7.

Vorsitzende und Mitglieder der Ausschüsse können wegen Besorgnis der Befangenheit abgelehnt werden, wenn Tatsachen vorliegen, die Mißtrauen gegen ihre Unparteilichkeit rechtfertigen.

Der Antrag ist ohne weiteres zurückzuweisen, wenn er offensichtlich zum Zwecke der Verschleppung gestellt wird.

Andernfalls entscheidet über die Ablehnung der Ausschuß nach Anhörung des Abgelehnten, der an der Entscheidung nicht teilnimmt. Bei Stimmengleichheit ist sein Stellvertreter zuzuziehen.

§ 8.

Zustellungen von Anordnungen nach § 7 Abs. 2 und 3 des Gesetzes und von Entscheidungen erfolgen durch eingeschriebenen Brief oder gegen Behändigungsschein.

§ 9.

Die Zustellung für einen Unteroffizier oder einen Gemeinen des aktiven Heeres oder der aktiven Marine erfolgt an den Chef der zunächst vorgesetzten Kommandobehörde.

§ 10.

Eine außerhalb des Deutschen Reichs zu bewirkende Zustellung erfolgt durch Vermittlung des Kriegsamts.

§ 11.

Zustellungen an Personen, die zu einem mobilen Truppenteil oder zur Besatzung eines in Dienst gestellten Kriegsfahrzeugs gehören, können mittelst Ersuchen der vorgesetzten Kommandobehörde erfolgen.

§ 12.

Der Vorsitzende bereitet das Verfahren soweit vor, als es erforderlich ist, um dem Ausschuß oder der Zentralstelle eine schleunige Entscheidung zu ermöglichen. Er kann Ermittlungen jeder Art anstellen, insbesondere amtliche Auskünfte, schriftliche Erklärungen und Sachverständigengutachten einholen; die Vorlegung von Geschäftsbüchern und sonstigen Urkunden anordnen; Beteiligte, Zeugen und Sachverständige vor den Ausschuß oder die Zentralstelle laden oder durch ersuchte Behörden uneidlich vernehmen lassen.

Der Vorsitzende des Schlichtungsausschusses hat Beschwerden, abgesehen von den Fällen des § 34 Abs. 2, innerhalb einer Woche nach ihrer Anhängigmachung vor den Ausschuß zu bringen, wenn nicht vorher eine Verständigung erfolgt oder die Beschwerde zurückgezogen wird.

§ 13.

Hält der Ausschuß oder die Zentralstelle die Sache auf Grund der vorhandenen Unterlagen nicht für spruchreif, so beschließen sie, welche der im § 12 bezeichneten Maßnahmen noch getroffen werden sollen.

§ 14.

Die Entscheidungen der Ausschüsse oder der Zentralstelle können ohne mündliche Verhandlung erfolgen.

Im Verfahren bei den Schlichtungsausschüssen soll die mündliche Verhandlung die Regel bilden. Der Abkehrschein darf nur erteilt werden, nachdem dem Arbeitgeber von der Beschwerde Kenntnis gegeben ist.

Hat der Vorsitzende von der Anberaumung einer mündlichen Verhandlung Abstand genommen, so kann der Ausschuß oder die Zentralstelle mit Zweidrittelmehrheit beschließen, daß mündliche Verhandlung stattzufinden hat.

§ 15.

Ist mündliche Verhandlung angeordnet, so kann die Entscheidung auch beim Ausbleiben der zur Verhandlung Geladenen ergehen.

§ 16.

Die Verhandlungen vor den Feststellungs- und den Einberufungsausschüssen und vor der Zentralstelle sind nicht öffentlich.

Die Verhandlungen vor den Schlichtungsausschüssen sind öffentlich, sofern nicht der Ausschuß beschließt, daß die Öffentlichkeit wegen wichtiger Gründe ausgeschlossen wird. Das Kriegsamt kann im Interesse der Landesverteidigung für einzelne Bezirke den Ausschluß der Öffentlichkeit allgemein anordnen.

Der Vorsitzende kann in allen Fällen einzelnen Personen den Zutritt zur Verhandlung gestatten.

§ 17.

Die Ausschüsse und die Zentralstelle sind befugt, Zeugen und Sachverständige uneidlich zu vernehmen.

Erscheint die Beeidigung zur Herbeiführung einer wahrheitsgemäßen Aussage erforderlich, so ist das Amtsgericht um die eidliche Vernehmung zu ersuchen.

§ 18.

Darüber, ob ein Zeuge oder Sachverständiger die Aussage oder das Gutachten zu verweigern berechtigt ist, entscheidet in dem Verfahren bei den Feststellungs- und Einberufungsausschüssen und bei der Zentralstelle der Ausschuß oder die Zentralstelle nach den Umständen des Falles, wobei insbesondere auf nahe verwandtschaftliche Beziehungen sowie auf ein an der zu treffenden Entscheidung bestehendes Interesse des Zeugen oder Sachverständigen Rücksicht zu nehmen ist. Für das Verfahren bei den Schlichtungsausschüssen gilt die Vorschrift des § 8 der Bekanntmachung, betreffend Bestimmungen zur Ausführung des Gesetzes über den vaterländischen Hilfsdienst, vom 30. Januar 1917 (RGBl. S. 85).

§ 19.

Die Ladung der Zeugen und Sachverständigen geschieht unter Hinweis auf die Folgen des Ausbleibens (§ 9 der Bekanntmachung, betreffend Bestimmungen zur Ausführung des Gesetzes über den vaterländischen Hilfsdienst, vom 30. Januar 1917 — RGBl. S. 85 —).

Die Ladung einer dem aktiven Heere oder der aktiven Marine angehörenden Person des Soldatenstandes erfolgt durch Ersuchen der Militärbehörde.

§ 20.

Auf die Ablehnung von Sachverständigen findet die Vorschrift des § 7 entsprechende Anwendung.

§ 21.

Die Zeugen und Sachverständigen erhalten Gebühren nach der Gebührenordnung für Zeugen und Sachverständige (RGBl. 1898 S. 689 und 1914 S. 214).

§ 22.

Beteiligte können sich in jeder Lage des Verfahrens eines Beistandes und, sofern nicht ihr persönliches Erscheinen angeordnet ist, eines mit schriftlicher Vollmacht versehenen Vertreters bedienen. Beistände und Vertreter können durch Beschluß des Ausschusses zurückgewiesen werden, wenn sie das Verfahren durch unsachliches Verhalten übermäßig erschweren.

§ 23.

Das persönliche Erscheinen der Beteiligten kann angeordnet werden. Auf ihre Ladung findet § 19 Anwendung.

§ 24.

Wieweit über Verhandlungen, insbesondere über Aussagen von Beteiligten, Zeugen und Sachverständigen eine Niederschrift aufzunehmen ist, bestimmt der Ausschuß oder die Zentralstelle.

§ 25.

Die schriftlich abzufassenden, vom Vorsitzenden zu vollziehenden Entscheidungen des Ausschusses oder der Zentralstelle nach § 4 Abs. 2, § 6 und § 7 Abs. 4 des Gesetzes müssen enthalten:

1. die Bezeichnung des Ausschusses,
2. die Namen des Vorsitzenden und der bei der Entscheidung mitwirkenden Mitglieder,
3. eine kurze Sachdarstellung und Begründung. Von der Sachdarstellung und Begründung kann abgesehen werden, wenn der Antragsteller oder der Beschwerdeführer hierauf verzichtet.

Nicht in der mündlichen Verhandlung verkündete Entscheidungen sind dem Antragsteller und nach dem Ermessen des Ausschusses oder der Zentralstelle auch anderen Beteiligten zuzustellen. Entscheidungen von grundsätzlicher Bedeutung sind dem Kriegsamt mitzuteilen.

Die Entscheidungen über Beschwerden nach § 9 Abs. 2 des Gesetzes werden, soweit sie auf mündliche Verhandlung ergehen, im Termin öffentlich verkündet. Schriftliche Abfassung nach Maßgabe des Abs. 1 findet nur statt, wenn sie von einem Beteiligten beantragt wird oder der Ausschuß sie für erforderlich erachtet.

§ 26.

Beschwerden nach § 6 und § 7 Abs. 4 des Gesetzes sind schriftlich bei dem Ausschuß anzubringen, dessen Entscheidung angefochten wird. Der Ausschuß ist, erforderlichenfalls nach Anstellung weiterer Ermittlungen, befugt, der Beschwerde abzuhelfen.

§ 27.

Die Feststellungsausschüsse werden auf Veranlassung des Kriegsamts oder auf schriftlichen Antrag eines Beteiligten tätig. Beteiligt ist, wer an der vom Ausschuß zu treffenden Feststellung ein unmittelbares berechtigtes Interesse hat.

§ 28.

Die Beschwerde steht im Falle des § 6 Satz 1 des Gesetzes dem Antragsteller, dem Berufsausübenden, dem Betriebsinhaber oder der Organisation und, wenn er es im öffentlichen Interesse für erforderlich erachtet, auch dem Vorsitzenden des Ausschusses zu.

§ 29.

Einberufungs- und Schlichtungsausschüsse sind an die für ihren Bezirk ergangenen Entscheidungen der Feststellungsausschüsse und der Zentralstelle gebunden.

§ 30.

Gibt ein Hilfsdienstpflichtiger, ohne durch eine besondere Aufforderung des Einberufungsausschusses herangezogen zu sein, seine Beschäftigung unter Nichtachtung entgegenstehender Vertragsbedingungen auf, um in den vaterländischen Hilfsdienst einzutreten, so kann sein bisheriger Arbeitgeber den Vorsitzenden des zuständigen Einberufungsausschusses behufs Aufrechterhaltung des Beschäftigungsverhältnisses um seine Vermittlung angehen.

§ 31.

Gegen die besondere schriftliche Aufforderung können der Hilfsdienstpflichtige oder sein bisheriger Arbeitgeber bei dem Ausschuß, von dem die Aufforderung ergangen ist, Vorstellung erheben.

Die Aufforderung ist zurückzunehmen, wenn die Auflösung des bisherigen Beschäftigungsverhältnisses einen übermäßigen Schaden bereiten würde, sofern nicht die Bedürfnisse des Hilfsdienstes überwiegen. Unter der gleichen Voraussetzung kann die Frist aus § 7 Abs. 3 des Gesetzes verlängert werden. Der Vorsitzende des Ausschusses ist in diesem Falle berechtigt, einen Vorbescheid zu erlassen. Gegen diesen Vorbescheid kann die Entscheidung des Ausschusses angerufen werden, worauf im Vorbescheide hinzuweisen ist.

§ 32.

Gegen die Überweisung steht die Beschwerde sowohl dem Hilfsdienstpflichtigen als auch seinem letzten Arbeitgeber zu.

§ 33.

Im Verfahren vor den Schlichtungsausschüssen sind Beteiligte nur der Beschwerdeführer und der Arbeitgeber, gegen den die Beschwerde sich richtet.

§ 34.

Erachtet der Schlichtungsausschuß eine Bescheinigung nach § 9 Abs. 1 des Gesetzes (Abkehrschein) nicht für erforderlich, weil die bisherige Beschäftigung des Beschwerdeführers nicht unter § 2 des Gesetzes fiel, so stellt er hierüber eine Bescheinigung aus (Befreiungsschein).

Diese Bescheinigung kann auch vom Vorsitzenden des Ausschusses sofort nach Eingang der Beschwerde ausgestellt werden. Eine Anrufung des Ausschusses findet hiergegen nicht statt.

§ 35.

Bei zurückgestellten Wehrpflichtigen hat der Schlichtungsausschuß auf Verlangen der Militärbehörde auch in den Fällen, die nicht bereits auf Grund des § 9 Abs. 2 des Gesetzes vor den Ausschuß gebracht sind, festzustellen, welche Gründe zu der Auflösung des Beschäftigungsverhältnisses geführt haben.

Dabei kann der Ausschuß vorschlagen, den Wehrpflichtigen einem anderen Betriebe zu überweisen.

§ 36.

Diese Anweisung tritt mit dem Tage der Verkündung in Kraft.

Berlin, den 30. Januar 1917.

Das Kriegsamt.

Groener.

V.

Rechtsschutz und Wochenhilfe.

---

1. Bekanntmachung über den Schutz der im vaterländischen Hilfsdienst tätigen Personen.

Vom 3. Mai 1917.

(RGBl. S. 392.)

Der Bundesrat hat auf Grund des § 3 des Gesetzes über die Ermächtigung des Bundesrats zu wirtschaftlichen Maßnahmen usw. vom 4. August 1914 (RGBl. S. 327) folgende Verordnung erlassen:

§ 1.

Die Verordnung zum Schutze von Angehörigen immobiler Truppenteile vom 20. Januar 1916 (RGBl. S. 47) sowie die Verordnung über die Bewilligung von Zahlungsfristen an Kriegsteilnehmer vom 8. Juni 1916 (RGBl. S. 452) finden entsprechende Anwendung auf die zufolge einer besonderen schriftlichen Aufforderung oder zufolge Überweisung gemäß § 7 Abs. 2 Satz 2, Abs. 3 des Gesetzes über den vaterländischen Hilfsdienst vom 5. Dezember 1916 (RGBl. S. 1333) im Hilfsdienst verwendeten Personen.

§ 2.

Den im § 2 Abs. 1 Nr. 2 des Gesetzes, betreffend den Schutz der infolge des Krieges an Wahrnehmung ihrer Rechte behinderten Personen, vom 4. August 1914 (RGBl. S. 328) bezeichneten Personen stehen die Personen gleich, die sich in Ausübung des vaterländischen Hilfsdienstes im Ausland aufhalten.

§ 3.

Die Verordnung tritt mit dem Tage der Verkündung in Kraft. Der Reichskanzler bestimmt den Zeitpunkt des Außerkrafttretens.

Berlin, den 3. Mai 1917.

Der Stellvertreter des Reichskanzlers.

Dr. Helfferich.

---

2. Bekanntmachung über Wochenhilfe aus Anlaß des vaterländischen Hilfsdienstes.

Vom 6. Juli 1917.

(RGBl. S. 591).

Der Bundesrat hat auf Grund des § 3 des Gesetzes über die Ermächtigung des Bundesrats zu wirtschaftlichen Maßnahmen usw. vom 4. August 1914 (RGBl. S. 327) folgende Verordnung erlassen:

§ 1.

Deutschen Wöchnerinnen, die nicht schon auf Grund der Bekanntmachungen vom 3. Dezember 1914, 28. Januar oder 23. April 1915 (RGBl. 1914 S. 492, 1915 S. 49, 257) Anspruch auf Wochenhilfe aus Mitteln des Reichs haben, wird eine solche während der Geltungsdauer des Gesetzes über den vaterländischen Hilfsdienst vom 5. Dezember 1916 (RGBl. S. 1333) nach folgenden Vorschriften gewährt.

§ 2.

Die Wochenhilfe erhalten die Wöchnerinnen, wenn

1. der Ehemann eine Beschäftigung im Sinne des im § 1 genannten Gesetzes ausübt und im letzten Jahre vor der Niederkunft seiner Ehefrau mindestens sechs Monate hindurch ausgeübt hat,
2. die wirtschaftliche Lage des Ehemanns sich infolge seiner Beschäftigung im Hilfsdienst nachweislich verschlechtert hat und
3. ein Bedürfnis für die Beihilfe besteht.

Dies gilt auch dann, wenn der Ehemann nicht dienstpflichtig nach § 1 des genannten Gesetzes ist. Für die Zeit vor der Niederkunft steht der Beschäftigung im Sinne des Abs. 1 die Leistung von Kriegs-, Sanitäts- und ähnlichen Diensten für das Reich oder eine ihm verbündete Macht gleich. Ist der Hilfsdienstpflichtige durch besondere schriftliche Aufforderung nach § 7 des Hilfsdienstgesetzes herangezogen worden, so bedarf es nicht des Nachweises einer Beschäftigung im Hilfsdienst vor der Niederkunft (Abs. 1 Nr. 1).

§ 3.

Die Wochenhilfe erhalten ferner auch solche Wöchnerinnen, welche selbst im Jahre vor der Niederkunft mindestens sechs Monate hindurch eine Beschäftigung im Sinne des Hilfsdienstgesetzes ausgeübt haben, wenn bei ihnen die Voraussetzungen des § 2 Abs. 1 Nr. 2, 3, Abs. 2 sinngemäß zutreffen. Auf diese sechs Monate wird die Zeit einer Beschäftigungslosigkeit unmittelbar vor der Niederkunft bis zu vier Wochen angerechnet.

§ 4.

Die Wochenhilfe ist auch für das uneheliche Kind eines im vaterländischen Hilfsdienst Beschäftigten zu leisten, wenn die Verpflichtung des Vaters zur Gewährung des Unterhalts an das Kind festgestellt ist und die Voraussetzungen des § 2 sinngemäß zutreffen.

§ 5.

Für die Zeit vor dem 1. September 1917 verkürzt sich die in den §§ 2 bis 4 erforderte Beschäftigungszeit um die Zeit, die zwischen dem genannten Tage und demjenigen der Niederkunft liegt.

§ 6.

Ob eine Verschlechterung im Sinne des § 2 Abs. 1 Nr. 2 stattgefunden hat, ist nach billigem Ermessen unter Berücksichtigung aller Umstände zu beurteilen.

Voraussetzung ist in der Regel, daß infolge des Hilfsdienstgesetzes die Beschäftigungsart oder der Beschäftigungsort gewechselt worden ist.

Voraussetzung ist ferner in der Regel, daß sich infolge des Hilfsdienstgesetzes die Einnahmen des Beschäftigten vermindert oder seine notwendigen Ausgaben stärker als die Einnahmen vermehrt haben. Dabei sind die wirtschaftlichen Verhältnisse des Beschäftigten während seiner Hilfsdiensttätigkeit in der Zeit unmittelbar vor der Niederkunft bis zur Dauer eines Jahres mit denen während einer Zeit von gleicher Dauer unmittelbar vor Beginn jener Tätigkeit zu vergleichen. Lassen sich die wirtschaftlichen Verhältnisse des Beschäftigten in der Zeit vor der Hilfsdiensttätigkeit nicht feststellen, so können diejenigen zum Vergleiche herangezogen werden, unter denen Personen von gleicher Art, Ausbildung und Beschäftigung in jener Zeit in derselben Gegend tätig gewesen sind; dies gilt, sofern es für den Anspruch günstiger ist, entsprechend auch dann, wenn der Beschäftigte in der Zeit vor der Hilfsdiensttätigkeit Kriegs-, Sanitäts- und ähnliche Dienste geleistet hat.

§ 7.

Daß ein Bedürfnis für die Beihilfe besteht (§ 2 Abs. 1 Nr. 3) ist in der Regel nicht anzunehmen

bei verheirateten Wöchnerinnen, wenn das Jahreseinkommen des Ehepaars den Betrag von zweitausendfünfhundert Mark übersteigt,

bei unverheirateten Wöchnerinnen, wenn ihr Jahreseinkommen eintausendfünfhundert Mark und für jedes schon vorhandene Kind unter fünfzehn Jahren weitere zweihundertfünfzig Mark, zusammen aber zweitausendfünfhundert Mark, übersteigt, im Falle des § 4 außerdem, wenn das Einkommen des im Hilfsdienst beschäftigten unehelichen Vaters zweitausendfünfhundert Mark übersteigt.

Für das Jahreseinkommen ist regelmäßig das Jahr maßgebend, das der Niederkunft vorangegangen ist.

§ 8.

Als Wochenhilfe wird gewährt:

1. ein einmaliger Beitrag zu den Kosten der Entbindung in Höhe von fünfundzwanzig Mark,
2. ein Wochengeld von einer und einer halben Mark täglich, einschließlich der Sonn- und Feiertage, für acht Wochen, von denen mindestens sechs in die Zeit nach der Niederkunft fallen müssen,
3. eine Beihilfe bis zum Betrage von zehn Mark für Hebammendienste und ärztliche Behandlung, falls

solche bei Schwangerschaftsbeschwerden erforderlich werden,

4. für Wöchnerinnen, solange sie ihre Neugeborenen stillen, ein Stillgeld in Höhe von einer halben Mark täglich, einschließlich der Sonn- und Feiertage, bis zum Ablauf der zwölften Woche nach der Niederkunft.

Wird in den Fällen der §§ 2 und 4 eine zur Zeit der Niederkunft unterbrochene Beschäftigung im vaterländischen Hilfsdienst innerhalb acht oder zwölf Wochen nach der Niederkunft wieder aufgenommen, so ist das Wochengeld und Stillgeld vom Tage dieser Wiederaufnahme ab noch für den Rest der acht und zwölf Wochen zu zahlen. Dasselbe gilt entsprechend bei Aufnahme einer Beschäftigung im Falle des § 2 Abs. 2 Satz 3.

§ 9.

Für die Leistungen der Wochenhilfe gelten die §§ 118, 119, 223 der Reichsversicherungsordnung entsprechend.

§ 10.

Gehört die Wöchnerin einer Krankenkasse (Orts-, Land-, Betriebs-, Innungs-, knappschaftlichen Krankenkasse oder Ersatzkasse) an, so ist der Antrag auf Gewährung einer Wochenhilfe bei dieser Kasse zu stellen.

Er ist beim Arbeitgeber der Wöchnerin zu stellen, wenn sie auf Grund des § 418 oder des § 435 der Reichsversicherungsordnung von der Versicherung befreit ist.

Gehört die Wöchnerin zur Schiffsbesatzung deutscher Seefahrzeuge, so ist der Antrag bei der See-Berufsgenossenschaft in Hamburg zu stellen.

Wenn keine dieser Voraussetzungen zutrifft, aber der Ehemann der Wöchnerin einer Krankenkasse angehört oder auf

Grund des § 418 oder des § 435 der Reichsversicherungsordnung von der Versicherung befreit ist oder zur Schiffsbesatzung deutscher Seefahrzeuge gehört, so ist der Antrag entsprechend bei der Krankenkasse oder dem Arbeitgeber des Ehemanns oder bei der See-Berufsgenossenschaft zu stellen.

§ 11.

Der Antrag soll die tatsächlichen Angaben enthalten, aus welchen auf eine Verschlechterung der wirtschaftlichen Lage gemäß § 6 geschlossen werden kann.

§ 12.

Krankenkasse, Arbeitgeber und See-Berufsgenossenschaft haben den Antrag unverzüglich an diejenige Kommission des Lieferungsverbandes weiterzureichen, in deren Bezirk der gewöhnliche Aufenthaltsort der Wöchnerin oder, wenn sie sich im Ausland aufhält, ihr letzter gewöhnlicher Aufenthaltsort im Inland liegt. Sie haben sich gleichzeitig darüber zu äußern, ob gegen sie ein Anspruch auf Wochenhilfe für die Wöchnerin besteht.

§ 13.

Krankenkasse, Arbeitgeber und See-Berufsgenossenschaft, welche Wochenhilfe zu gewähren haben, können den Antrag auch selbst stellen, falls die Wöchnerin ihrer Aufforderung, ihn zu stellen, nicht binnen zwei Wochen entspricht.

§ 14.

In allen anderen als den im § 10 bezeichneten Fällen ist der Antrag unmittelbar bei der Kommission des Lieferungsverbandes zu stellen.

Der Antrag muß außer den im § 11 erforderten Angaben die ausdrückliche Erklärung enthalten, daß weder die Wöchnerin noch ihr Ehemann einer Krankenkasse (§ 10 Abs. 1) angehören und, wenn sie Dienstbote oder landwirtschaftliche Arbeiter sind, auch, daß sie nicht zu den nach § 418 oder § 435 der Reichsversicherungsordnung Befreiten gehören.

§ 15.

Für die Kommission gelten § 6 Abs. 2, § 8 des Gesetzes vom 28. Februar 1888 (RGBl. S. 59) auch hier; jedoch kann der Vorsitzende allein durch schriftlichen Bescheid Anträge zurückweisen, welche die im § 11 geforderten Angaben nicht enthalten. Diese Anträge können nach entsprechender Ergänzung wiederholt werden.

§ 16.

Die Kommission entscheidet endgültig durch schriftlichen Bescheid; bei Ablehnung des Antrags sind die Gründe mitzuteilen.

War der Antrag durch die Krankenkasse einzureichen, so ist der Bescheid ihr abschriftlich mitzuteilen oder durch sie der Wöchnerin auszuhändigen. Das gleiche gilt für Arbeitgeber und die See-Berufsgenossenschaft.

§ 17.

Krankenkasse, Arbeitgeber oder See-Berufsgenossenschaft, welche Wochenhilfe leisten müssen, haben sie weiter zu gewähren, auch wenn dem Antrag stattgegeben wird.

Bleiben die Leistungen hinter dem Maße des § 8 zurück, so hat der Verpflichtete (Abs. 1) sie darauf zu erhöhen.

§ 4 der Bekanntmachung vom 3. Dezember 1914 (RGBl. S. 492) gilt entsprechend, ebenso § 210 der Reichsversicherungsordnung.

Im übrigen wird die Wochenhilfe mit Ablauf jeder Woche durch die Stellen ausgezahlt, welche die Unterstützungen nach dem Gesetze vom 28. Februar 1888 zu zahlen haben.

§ 18.

Die Lieferungsverbände haben den Krankenkassen, den Arbeitgebern und der See-Berufsgenossenschaft die Aufwendungen an Wochenhilfe zu erstatten, welche diese für die Zeit nach dem Inkrafttreten dieser Bekanntmachung den danach Berechtigten gemäß § 17 leisten, Wochengeld jedoch nur, soweit es die satzungsmäßige Höhe übersteigt.

Für Sachleistungen gemäß § 17 Abs. 3 ist in jedem Einzelfall als einmaliger Beitrag zu den Kosten der Entbindung (§ 8 Abs. 1 Nr. 1) der Betrag von fünfundzwanzig Mark und als Beihilfe für Hebammendienste und ärztliche Behandlung bei Schwangerschaftsbeschwerden (§ 8 Abs. 1 Nr. 3) der Betrag von zehn Mark zu erstatten.

§ 19.

Die Gemeindebehörden haben die Kommissionen der Lieferungsverbände auf deren Verlangen bei der für Gewährung des Stillgeldes nötigen Überwachung zu unterstützen.

§ 20.

Das Reich erstattet den Lieferungsverbänden vierteljährlich nach näherer Bestimmung des Reichskanzlers alle Aufwendungen für die Leistungen, die sie nach diesen Vorschriften zu machen haben.

§ 21.

Diese Vorschriften treten mit dem Tage ihrer Verkündung in Kraft.

Wöchnerinnen, die vor dem Tage des Inkrafttretens dieser Bekanntmachung entbunden worden sind, erhalten vom genannten Tage ab das Wochengeld auf acht und das Stillgeld auf zwölf Wochen, jedoch in beiden Fällen abzüglich der zwischen dem Tage der Niederkunft und dem des Inkrafttretens liegenden Zeit.

Der Bundesrat behält sich vor, den Zeitpunkt des Außerkrafttretens der vorstehenden Vorschriften zu bestimmen.

Berlin, den 6. Juli 1917.

Der Stellvertreter des Reichskanzlers.

Dr. Helfferich.

VI.

Versicherung.

1. Verordnung über Versicherung der im vaterländischen Hilfsdienst Beschäftigten.

Vom 24. Februar 1917.

(RGBl. S. 171.)

Der Bundesrat hat auf Grund des § 19 des Gesetzes über den vaterländischen Hilfsdienst vom 5. Dezember 1916 (RGBl. S. 1333) mit Zustimmung des vom Reichstag gewählten Ausschusses und auf Grund des § 3 des Gesetzes über die Ermächtigung des Bundesrats zu wirtschaftlichen Maßnahmen usw. vom 4. August 1914 (RGBl. S. 327) folgende Verordnung erlassen:

I. Allgemeine Vorschriften.

§ 1.

Wer eine Beschäftigung im Sinne des Gesetzes über den vaterländischen Hilfsdienst vom 5. Dezember 1916 (RGBl. S. 1333) ausübt, unterliegt, auch wenn er nicht dienstpflichtig nach § 1 dieses Gesetzes ist, den Vorschriften über die reichsgesetzliche Arbeiter- und Angestelltenversicherung, soweit diese Verordnung nichts anderes bestimmt. Dies gilt auch dann, wenn die Beschäftigung nicht auf Grund freiwilliger Meldung

(§ 7 des genannten Gesetzes) stattfindet. Eine Vergütung ist stets Entgelt im Sinne der Vorschriften über die reichsgesetzliche Arbeiter- und Angestelltenversicherung.

§ 2.

Einer Satzungsänderung auf Grund dieser Vorschriften bedarf es für die Versicherungsträger nicht.

II. Krankenversicherung.

§ 3.

Setzt die Satzung einer Krankenkasse den Ortslohn als Grundlohn fest, so gilt dies nicht für Personen, die im vaterländischen Hilfsdienst eine nach den Vorschriften der Reichsversicherung landkassenpflichtige Beschäftigung übernehmen, sofern sie in den dem erstmaligen Eintritt in eine landkassenpflichtige Hilfsdiensttätigkeit vorangegangenen zwölf Monaten mindestens sechsundzwanzig Wochen oder unmittelbar vorher mindestens sechs Wochen bei einer Krankenkasse mit einem anderen Grundlohn als dem Ortslohn oder bei einer knappschaftlichen Krankenkasse versichert waren.

Soweit diese Personen nicht als Betriebsbeamte, Werkmeister oder andere Angestellte in ähnlich gehobener Stellung beschäftigt werden, gelten sie als Facharbeiter im Sinne des § 181 Abs. 2 der Reichsversicherungsordnung, auch wenn sie nicht als solche tätig sind.

Auf diese Beschäftigten sind die Vorschriften der §§ 418 bis 425 der Reichsversicherungsordnung nicht anwendbar. Bei Anwendung des § 418 Abs. 2 Nr. 3 und des § 419 Abs. 1 Satz 2 der Reichsversicherungsordnung bleiben sie bei Feststellung der sämtlichen in der Landwirtschaft Beschäftigten und der sämtlichen Befreiten des Arbeitgebers außer Betracht.

§ 4.

Soweit der Erwerb eines Rechtes nach der Reichsversicherung oder der Satzung einer Krankenkasse davon abhängt, daß eine Wartezeit bei einer Krankenkasse zurückgelegt ist oder eine Versicherung von bestimmter Dauer innerhalb eines gleichfalls bestimmten Zeitraums bestanden hat, darf eine Beschäftigung im vaterländischen Hilfsdienst, durch die der Beschäftigte aus der Krankenkasse oder der Versicherung ausscheidet, nicht zu seinem Nachteil angerechnet werden. Dies gilt auch für die Dauer einer Erwerbslosigkeit bis zu sechs Wochen, die in die ersten sechs Wochen nach der Beschäftigung fällt.

Die Zeit von mindestens sechs Monaten nach § 199 der Reichsversicherungsordnung steht einer Wartezeit im Sinne des Abs. 1 gleich.

Im übrigen gilt § 2 des Gesetzes, betreffend Erhaltung von Anwartschaften aus der Krankenversicherung, vom 4. August 1914 (RGBl. S. 334) entsprechend.

§ 5.

Vorschriften der Reichsversicherung, nach denen Personen, die gegen Krankheit versichert sind, durch einen Aufenthalt im Ausland Rechtsnachteile erleiden, gelten nicht für Personen, die im Ausland im vaterländischen Hilfsdienst beschäftigt sind. Der Aufenthalt solcher Personen im Ausland steht insoweit einem Aufenthalt im Inland gleich.

§ 6.

Wer wegen einer Beschäftigung im vaterländischen Hilfsdienst zu einer anderen Krankenkasse übergetreten ist, darf, wenn er aus dieser ausscheidet, das Recht zur Weiterversicherung nach § 313 der Reichsversicherungsordnung wahlweise bei ihr oder seiner früheren Kasse ausüben.

Meldet er sich bei der früheren Kasse, so kann diese ihn ärztlich untersuchen lassen. Für eine Erkrankung, die beim Wiederbeitritt bereits besteht, hat er einen Anspruch nur gegen die andere Kasse, und zwar auf die Leistungen, die sie im Falle der Weiterversicherung bei ihr zu gewähren hätte. Auf ihren oder seinen Antrag erhält der Versicherte diese Leistungen von der früheren Kasse. Geschieht es auf seinen Antrag, so hat die frühere Kasse der anderen binnen einer Woche den Eintritt des Versicherungsfalls mitzuteilen. Die andere Kasse hat der früheren ihre Aufwendungen im vollen Umfang zu ersetzen.

§ 7.

Den Krankenkassen im Sinne dieser Verordnung stehen knappschaftliche Krankenkassen gleich.

§ 8.

Für Mitglieder von Ersatzkassen (§§ 503ff. der Reichsversicherungsordnung), welche dem zur freiwilligen Versicherung oder Weiterversicherung bei einer Krankenkasse nach der Reichsversicherungsordnung berechtigten Personenkreis angehören, gelten die vorstehenden Vorschriften entsprechend.

Bestimmungen in der Satzung einer Ersatzkasse, nach denen ein Mitglied bei Übernahme einer Beschäftigung im vaterländischen Hilfsdienst aus der Kasse ausscheiden müßte oder einen sonstigen Rechtsnachteil erleiden würde, dürfen nicht geltend gemacht werden.

Mitglieder von Ersatzkassen, die eine landwirtschaftliche Beschäftigung erst nach dem Inkrafttreten des Gesetzes über den vaterländischen Hilfsdienst und voraussichtlich nicht über dessen Geltungsdauer hinaus übernehmen, stehen den vorübergehend in der Landwirtschaft beschäftigten gewerblichen Arbeitern im Sinne des § 434 der Reichsversicherungsordnung gleich.

§ 9.

Deutsche, die in dem von deutschen Truppen besetzten Ausland von deutschen Arbeitgebern im vaterländischen Hilfsdienst beschäftigt werden und nicht schon auf Grund der Bekanntmachung vom 14. Dezember 1916 (RGBl. S. 1383) versichert sind, werden hinsichtlich der Versicherung gegen Krankheit den im § 1 der genannten Bekanntmachung bezeichneten Personen gleichgestellt.

Sie sind versicherungsfrei, wenn ihnen gegen einen Arbeitgeber der im § 169 Abs. 1 der Reichsversicherungsordnung bezeichneten Art für den Fall der Krankheit ein Anspruch gewährleistet ist; der einem der in der genannten Vorschrift bezeichneten Ansprüche mindestens gleichwertig ist. Das Kriegsamt bestimmt, ob der Anspruch gleichwertig ist.

III. Unfallversicherung.

§ 10.

Tätigkeiten im vaterländischen Hilfsdienst, die den reichsgesetzlichen Vorschriften über Unfallversicherung um deswillen nicht unterliegen, weil sie im Ausland ausgeführt werden und nicht als unselbständiger Bestandteil (Ausstrahlung) eines inländischen Betriebs anzusehen sind, werden der Unfallversicherung unterstellt.

Dabei gelten folgende Vorschriften:

1. Träger der Versicherung für diese Hilfsdienstleistungen ist das Reich.

2. Der Reichskanzler bestimmt die Ausführungsbehörden (§§ 892, 1033, 1218 der Reichsversicherungsordnung) und erläßt die Ausführungsbestimmungen (§ 895 der Reichsversicherungsordnung). Er kann den Erlaß von Ausführungsbestimmungen anderen Behörden übertragen.

3. Die Unfallentschädigung wird nach einem einheitlichen Jahresarbeitsverdienste berechnet. Dieser beträgt:

a) bei gewöhnlichen landwirtschaftlichen Arbeitern 1200 M.,

b) bei gewerblichen Arbeitern und landwirtschaftlichen Facharbeitern 1800 M.

Bei Betriebsbeamten ist, vorbehaltlich der Kürzung nach § 563 Abs. 2 der Reichsversicherungsordnung, der auf ein volles Jahr zu berechnende, verdiente Entgelt maßgebend. Erreicht der Jahresarbeitsverdienst nicht den unter Nr. 3b angegebenen Betrag, so gilt dieser als Jahresarbeitsverdienst.

4. Sofern nicht das Reich selbst Unternehmer der Arbeiten ist, hat dieser für die Unfallversicherung eine Prämie zu zahlen. Sie beträgt:

a) für einen gewöhnlichen landwirtschaftlichen Arbeiter täglich 6 Pf.,

b) für einen gewerblichen Arbeiter oder landwirtschaftlichen Facharbeiter täglich 9 Pf.,

c) für einen Betriebsbeamten entsprechend der Dauer seiner Beschäftigung $1^1/_2$ vom Hundert des verdienten Entgelts, mindestens aber täglich 9 Pf.

5. Der Unternehmer (Nr. 4) hat für jeden Monat spätestens drei Tage nach dessen Ablauf der Ausführungsbehörde einen Nachweis über die Zahl der Arbeitstage jeder der unter Nr. 4a und b bezeichneten Gruppen von Arbeitern und über den von Betriebsbeamten (Nr. 4c) verdienten Entgelt vorzulegen. Für

den Fall der Säumnis gilt § 800 der Reichsversicherungsordnung entsprechend.

Die Form für den Nachweis schreibt die Ausführungsbehörde vor.

6. Nach jedem Kalendervierteljahre berechnet die Ausführungsbehörde auf Grund der Nachweise und der unter Nr. 4 angegebenen Sätze die Prämien und stellt die Heberolle auf.

Jedem Unternehmer ist ein Auszug aus der Heberolle mit der Aufforderung zuzustellen, die festgesetzte Prämie zur Vermeidung der Zwangsvollstreckung binnen zwei Wochen einzuzahlen. Der Auszug muß die Angaben enthalten, die den Zahlungspflichtigen in Stand setzen, die Prämienberechnung zu prüfen.

Für den Einspruch und die Rechtsmittel gelten die §§ 814 bis 817 der Reichsversicherungsordnung entsprechend.

7. Die Ausführungsbehörde bestimmt, wer die Unfälle zu untersuchen hat.

8. Hält der Berechtigte sich im Ausland auf, so ist über die Gewährung, Ablehnung oder Neufeststellung der Unfallentschädigung ohne vorhergehenden Bescheid und Einspruch alsbald Endbescheid zu erteilen (§ 1610 der Reichsversicherungsordnung).

9. Zur Entscheidung über Berufungen und Beschwerden ist das Oberversicherungsamt Groß-Berlin ausschließlich zuständig.

§ 11.

Wer im vaterländischen Hilfsdienst in der Land- und Forstwirtschaft eine Beschäftigung übernimmt, nachdem er in den dem erstmaligen Eintritt in eine land- oder forstwirtschaftliche Hilfsdiensttätigkeit vorangegangenen zwölf Monaten mindestens sechsundzwanzig Wochen oder unmittelbar vorher mindestens sechs Wochen gewerblich beschäftigt war, gilt, sofern er nicht als Betriebsbeamter beschäftigt wird, für die Unfallentschädigung als Facharbeiter im Sinne des § 923 Abs. 3 der Reichsversicherungsordnung, auch wenn er nicht als solcher tätig ist.

§ 12.

Werden dem Berechtigten Gebührnisse auf Grund des § 35 des Offizierpensionsgesetzes oder der §§ 19ff. des Militärhinterbliebenengesetzes gewährt, so sind sie auf die Unfallrente, die auf dieselbe Zeit entfällt und aus dem gleichen Grunde gewährt wird, anzurechnen. In gleicher Weise sind die Gebührnisse des Verletzten auf die Angehörigenrente (§ 598 der Reichsversicherungsordnung) anzurechnen.

§ 13.

Die Übernahme einer Beschäftigung im vaterländischen Hilfsdienst sowie der dabei erzielte Lohn dürfen in einem Unfallentschädigungsverfahren bei der Feststellung, ob und in welchem Maße der Verletzte durch den Unfall in seiner Erwerbsfähigkeit geschädigt ist, nicht verwertet werden.

IV. Invaliden- und Hinterbliebenenversicherung.

§ 14.

Wer eine die Invaliden- und Hinterbliebenenversicherung begründende Beschäftigung vor seinem Eintritt in den vaterländischen Hilfsdienst nicht ausgeübt hat und auch nach dessen Beendigung voraussichtlich nicht ausüben wird, unterliegt wegen einer im vaterländischen Hilfsdienst übernommenen, an sich versicherungspflichtigen Beschäftigung der Versicherungspflicht nur dann, wenn er binnen zwei Monaten nach der

Verkündung dieser Verordnung oder, sofern das Beschäftigungsverhältnis später beginnt, nach diesem Zeitpunkt von dem Arbeitgeber die Leistung von Beiträgen verlangt. Geschieht dies, so hat der Arbeitgeber hierüber dem Beschäftigten auf Wunsch eine Bescheinigung auszustellen.

Werden jedoch ohne eine Erklärung im Sinne des Abs. 1 Satz 1 für die Dauer der an sich versicherungspflichtigen Beschäftigung Beiträge entrichtet, so dürfen die Leistungen der Invaliden- und Hinterbliebenenversicherung nicht deshalb abgelehnt werden, weil die Beiträge zu Unrecht entrichtet seien.

§ 15.

Vorbehaltlich des § 14 Abs. 1 begründet eine Beschäftigung im Ausland auch dann, wenn § 1330 der Reichsversicherungsordnung nicht zutrifft, die Versicherung. Zuständig ist die Versicherungsanstalt, deren Bezirk dem Beschäftigungsort am nächsten liegt. Die Lohnklasse bestimmt sich, soweit sie vom Ortslohn abhängt, nach dem Ortslohn am Sitze dieser Versicherungsanstalt (§ 1246 Abs. 2 Nr. 3 der Reichsversicherungsordnung).

§ 16.

Die Übernahme einer Beschäftigung im vaterländischen Hilfsdienst sowie der dabei erzielte Lohn dürfen im Rentenverfahren bei der Feststellung, ob Erwerbsfähigkeit oder ob Erwerbsunfähigkeit vorliegt, nicht verwertet werden.

V. Angestelltenversicherung.

§ 17.

Tätigkeiten im vaterländischen Hilfsdienst, die den reichsgesetzlichen Vorschriften über Angestelltenversicherung um deswillen nicht unterliegen, weil sie im Ausland ausgeführt werden und auch nicht als unselbständiger Bestandteil (Ausstrahlung) eines inländischen Betriebs anzusehen sind, werden der Angestelltenversicherung unterstellt.

§ 18.

Wird ein nach den reichsgesetzlichen Vorschriften über Angestelltenversicherung Versicherter im vaterländischen Hilfsdienst in einer Tätigkeit beschäftigt, die nach dem Versicherungsgesetze für Angestellte nicht versichert ist, so werden die Kalendermonate, in denen diese Tätigkeit ausgeübt wird, als Beitragsmonate im Sinne der §§ 15, 49 des Versicherungsgesetzes für Angestellte angerechnet.

VI. Schlußvorschriften.

§ 19.

Der Reichskanzler wird ermächtigt, weitere Bestimmungen zur Durchführung der Versicherung zu erlassen. Soweit dies nicht geschieht oder diese Verordnung nichts anderes ergibt, sind die Vorschriften über die reichsgesetzliche Arbeiter- und Angestelltenversicherung sinngemäß anzuwenden.

§ 20.

Diese Verordnung tritt mit Wirkung vom 6. Dezember 1916 in Kraft.

Berlin, den 24. Februar 1917.

Der Stellvertreter des Reichskanzlers.

Dr. Helfferich.

2. Bekanntmachung über die Invaliden- und Hinterbliebenenversicherung der im vaterländischen Hilfsdienst Beschäftigten.

Vom 4. Juni 1917.

(RGBl. S. 472.)

Auf Grund des § 19 der Verordnung über Versicherung der im vaterländischen Hilfsdienst Beschäftigten vom 24. Februar 1917 (RGBl. S. 171) bestimme ich folgendes:

§ 1.

In den Fällen des § 15 Satz 1 der Verordnung vom 24. Februar 1917 ist Ursprungsanstalt im Sinne des § 1418 Satz 3 der Reichsversicherungsordnung die nach § 15 Satz 2 der Verordnung zuständige Versicherungsanstalt.

§ 2.

Im Beschlußverfahren ist das Versicherungsamt oder Oberversicherungsamt örtlich zuständig, in dessen Bezirk die Versicherungsanstalt ihren Sitz hat.

Berlin, den 4. Juni 1917.

Der Stellvertreter des Reichskanzlers.

Dr. Helfferich.

3. Bekanntmachung über die Bestimmung von Ausführungsbehörden und den Erlaß von Bestimmungen zur Durchführung der Unfallversicherung von Tätigkeiten im vaterländischen Hilfsdienst im Ausland.

Vom 2. Juni 1917.

(RGBl. S. 479.)

Auf Grund des § 10 Abs. 2 Nr. 2 und des § 19 der Verordnung über Versicherung der im vaterländischen Hilfsdienst Beschäftigten vom 24. Februar 1917 (RGBl. S. 171) bestimme ich mit Wirkung vom 6. Dezember 1916 folgendes:

§ 1.

Ausführungsbehörde für die Unfallversicherung von Tätigkeiten im vaterländischen Hilfsdienst im Ausland, die durch Abs. 1 des § 10 aaO. der Unfallversicherung unterstellt sind, ist

1. für die nicht einer deutschen Heeresverwaltung, der Reichs-Marineverwaltung oder der Reichs-Post- und Telegraphenverwaltung unterstehenden Betriebe im Gebiete des Generalgouvernements in Belgien und für die außerhalb des Generalgouvernements gelegenen, zum Geschäftsbereiche des Verwaltungschefs beim Generalgouvernement gehörenden Betriebe

der Verwaltungschef beim Generalgouvernement in Belgien,

2. für die nicht einer deutschen Heeresverwaltung, der Reichs-Marineverwaltung oder der Reichs-Post- und Tele-

graphenverwaltung unterstehenden Betriebe im Gebiete des Generalgouvernements Warschau

der Verwaltungschef beim Generalgouvernement Warschau.

§ 2.

1. Sind Tätigkeiten im vaterländischen Hilfsdienst, für die das Reich Träger der Versicherung ist (§ 10 Abs. 2 Nr. 1 aaO.), zu Unrecht bei einer Berufsgenossenschaft versichert, so geht die Versicherung mit dem Tage auf das Reich über, an dem die Ausführungsbehörde (§ 1) oder der Unternehmer der Berufsgenossenschaft oder diese der Ausführungsbehörde die unrichtige Versicherung anzeigt.

2. Bei Berechnung des Jahresarbeitsverdienstes, der für die Unfallentschädigung von Betriebsbeamten maßgebend ist (§ 10 Abs. 2 Nr. 3 aaO.), gelten als die betriebsübliche Zahl der Arbeitstage stets dreihundert Arbeitstage.

3. Gegen Straffestsetzungen der Ausführungsbehörden (§ 1) auf Grund des § 10 Abs. 2 Nr. 5 aaO. in Verbindung mit § 800 der Reichsversicherungsordnung ist die Beschwerde an das Oberversicherungsamt (Beschlußkammer) zulässig. Dieses entscheidet endgültig.

4. Die Ausführungsbehörden (§ 1) können, um die von den Unternehmern eingereichten Nachweise (§ 10 Abs. 2 Nr. 5 der bezeichneten Verordnung) zu prüfen, durch Beamte die Geschäftsbücher und Listen einsehen, aus denen die Beschäftigung der Hilfsdienstleistenden und die von den Betriebsbeamten verdienten Bezüge hervorgehen. Die Unternehmer sind verpflichtet, den Beamten die Bücher und Listen an Ort und Stelle zur Einsicht vorzulegen. Die Ausführungsbehörden können sie zur Erfüllung dieser Pflicht durch Geldstrafen bis zu dreihundert Mark anhalten.

Bei Pflichtversäumnis eines Unternehmers gilt § 887 Satz 1 der Reichsversicherungsordnung entsprechend.

Auf Beschwerden entscheidet das Oberversicherungsamt (Beschlußkammer) endgültig.

5. Die nach der Reichsversicherungsordnung den Genossenschaftsvorständen zustehende Befugnis zur Verhängung von Geldstrafen gegen Unternehmer und ihnen Gleichgestellte gilt für die Ausführungsbehörden (§ 1) entsprechend. Auf Beschwerden gegen Straffestsetzungen entscheidet das Oberversicherungsamt (Beschlußkammer) endgültig.

6. Die von den Ausführungsbehörden (§ 1) verhängten Geldstrafen fließen in die Reichskasse.

7. Das Oberversicherungsamt Groß-Berlin ist im Rechtsmittelverfahren auch dann ausschließlich zuständig, wenn es sich nicht um Berufungen oder Beschwerden handelt (§ 10 Abs. 2 Nr. 9 der bezeichneten Verordnung).

8. Im übrigen können — unbeschadet der Befugnis des Reichskanzlers — die Ausführungsbehörden (§ 1) weitere Bestimmungen zur Durchführung der Unfallversicherung (§ 10 Abs. 2 Nr. 2, § 19 der bezeichneten Verordnung) erlassen.

Berlin, den 2. Juni 1917.

Der Stellvertreter des Reichskanzlers.
Dr. Helfferich.

---

4. Bekanntmachung über Angestelltenversicherung der im vaterländischen Hilfsdienst Beschäftigten.

Vom 25. Mai 1917. (RGBl. S. 435.)

Auf Grund des § 19 der Verordnung über Versicherung der im vaterländischen Hilfsdienst Beschäftigten vom 24. Februar 1917 (RGBl. S. 171) bestimme ich folgendes:

§ 1.

Für Tätigkeiten im vaterländischen Hilfsdienst, die in den von deutschen Truppen besetzten ausländischen Gebieten ausgeführt werden, bestimmen die Generalgouverneure oder der Generalquartiermeister oder die von ihnen beauftragten Stellen für ihren Geschäftsbereich, wer

1. nach § 2 Abs. 2 des Versicherungsgesetzes für Angestellte den Wert der Sachbezüge festzusetzen,
2. nach § 54 Abs. 2 des Versicherungsgesetzes für Angestellte die Bescheinigungen für Krankheitszeiten auszustellen

hat. Dem Direktorium der Reichsversicherungsanstalt für Angestellte wird mitgeteilt, wem die Erledigung dieser Aufgaben übertragen ist.

§ 2.

Als Ausgabestellen für die Aufnahme- und Versicherungskarten (§ 194 des Versicherungsgesetzes für Angestellte) werden für das besetzte Gebiet

1. in Belgien die Ausgabestelle der Angestelltenversicherung in Aachen (Neues Rathaus),
2. in Frankreich die Ausgabestelle der Angestelltenversicherung (I. Polizeirevier) in Metz,
3. in Rußland die Ausgabestelle der Angestelltenversicherung in Posen (Sapiehaplatz 9 I),
4. in Rumänien die Ausgabestelle der Angestelltenversicherung in Berlin (Klosterstraße 65)

bestimmt.

Anträge auf Ausstellung und Erneuerung von Versicherungskarten sind aus den betreffenden besetzten Gebieten an diese Ausgabestellen unmittelbar zu richten. Es steht den Antragstellern in Zweifelsfällen frei, mit dem Direktorium der Reichsversicherungsanstalt für Angestellte in Berlin-Wilmersdorf (Hohenzollerndamm 193/195) ins Benehmen zu treten.

§ 3.

Für die Abführung der Beiträge zur Angestelltenversicherung wird, soweit der übliche Postscheckverkehr (Bekanntmachung des Direktoriums der Reichsversicherungsanstalt für Angestellte, betreffend die Beitragsentrichtung für die Angestelltenversicherung vom 24. Mai 1912, Amtliche Nachrichten der Reichsversicherungsanstalt für Angestellte 1913 S. 46) nicht möglich ist, folgendes bestimmt:

1. Die Beiträge sind unter der Adresse: Direktorium der Reichsversicherungsanstalt für Angestellte, Berlin-Wilmersdorf, mittels Postanweisung einzuzahlen, und zwar monatlich zum 10. des auf den Beitragsmonat folgenden Monats.
2. Der Postanweisungsabschnitt, welcher der Reichsversicherungsanstalt verbleibt, muß den Arbeitgeber oder die Dienststelle, die den Versicherten beschäftigt, deutlich bezeichnen. Dies gilt auch dann, wenn eine andere Dienststelle die Beiträge abführt.
3. Hat die Reichsversicherungsanstalt die dem Konto des Arbeitgebers erteilte Buchungsnummer mitgeteilt, so ist diese auf dem Postanweisungsabschnitte jedesmal zu vermerken. Bis dahin ist auf dem Abschnitt

bei Sendungen	aus	Belgien	Buchungsbezirk	1
"	"	"	Frankreich	"	31
"	"	"	Rußland	"	36
"	"	"	Rumänien	"	2

anzugeben.

Auf der Rückseite des Postanweisungsabschnittes ist zu vermerken, wie sich der eingezahlte Betrag aus vollen und halben Beiträgen nach den 9 Gehaltsklassen A bis J und aus Beitragszahlungen nach § 177 des Versicherungsgesetzes für Angestellte zusammensetzt, und ob eine Übersicht abgesandt ist oder Änderungen gegen den Vormonat nicht eingetreten sind.

4. Gleichzeitig mit der Abführung der Beiträge ist an das Direktorium der Reichsversicherungsanstalt für Angestellte eine Übersicht nach dem Muster R. f. A. II Nr. 3 einzusenden. Vordrucke zu dieser Übersicht werden von dem Direktorium der Reichsversicherungsanstalt für Angestellte kostenlos zur Verfügung gestellt.

Sind Veränderungen gegen den Vormonat nicht eingetreten, so bedarf es einer neuen Übersicht nicht, es genügt vielmehr ein Vermerk auf dem Postanweisungsabschnitt: „Änderungen gegen den Vormonat.......... 191.. nicht eingetreten."

§ 4.

Als inländische Behörde im Sinne des § 229 Abs. 2 des Versicherungsgesetzes für Angestellte gilt auch jede Behörde, die vom Deutschen Reich in besetzten Gebieten eingesetzt ist und behördliche Aufgaben einer deutschen Behörde erledigt.

Berlin, den 25. Mai 1917.

Der Stellvertreter des Reichskanzlers.

Dr. Helfferich.

VII.

Bekanntmachung, betreffend Ausdehnung des Gesetzes über den vaterländischen Hilfsdienst auf Angehörige der österreichisch-ungarischen Monarchie.

Vom 4. April 1917. (RGBl. S. 317.)

Der Bundesrat hat auf Grund des § 3 des Gesetzes über die Ermächtigung des Bundesrats zu wirtschaftlichen Maßnahmen usw. vom 4. August 1914 (RGBl. S. 327) folgende Verordnung erlassen:

§ 1.

Die Vorschriften des Gesetzes über den vaterländischen Hilfsdienst und die zur Ausführung dieses Gesetzes erlassenen Bestimmungen gelten entsprechend für diejenigen Angehörigen der österreichisch-ungarischen Monarchie, welche beim Inkrafttreten dieser Verordnung im Gebiete des Deutschen Reichs ihren Wohnsitz oder ihren gewöhnlichen Aufenthalt haben oder ihn später dort nehmen. Dieselben Personen gelten auch für die von den Landeszentralbehörden auf Grund des § 11 Abs. 2 Satz 3 des Gesetzes über den vaterländischen Hilfsdienst erlassenen Bestimmungen als den deutschen Reichsangehörigen gleichgestellt.

§ 2.

Die Verordnung tritt mit dem Tage der Verkündung in Kraft und zugleich mit dem Gesetz über den vaterländischen Hilfsdienst außer Kraft.

Berlin, den 4. April 1917.

Der Stellvertreter des Reichskanzlers.
Dr. Helfferich.

VIII.

Richtlinien des Kriegsamts für die stellvertretenden Generalkommandos und übrigen militärischen Stellen.

Das Kriegsamt hat die stellvertretenden Generalkommandos und die übrigen in Betracht kommenden militärischen Stellen veranlaßt, die Durchführung des Gesetzes nach folgenden Gesichtspunkten unverzüglich einzuleiten:

1. Ein allgemeiner Aufruf zur freiwilligen Meldung der Hilfsdienstpflichtigen ist nicht zu erlassen.

Erst nachdem der Bedarf an Menschenkräften für die einzelnen Arten des vaterländischen Hilfsdienstes festgestellt ist, wird von Fall zu Fall durch die stellvertretenden Generalkommandos zur freiwilligen Meldung zu einer genau bezeichneten Tätigkeit aufzurufen sein.

2. Sofort ausführbar ist der Austausch von Militärpersonen bei den heimatlichen Militärbehörden und militärischen Einrichtungen durch Hilfsdienstpflichtige.

Hierzu wird bestimmt:

a) Im Garnisonwachdienst sind Mannschaften als Sicherheitsposten nur zu stellen, wo ein dringendes militärisches Interesse vorliegt. In allen anderen Fällen ist die Ablösung der jetzt gestellten Sicherheitsposten durch Hilfsdienstpflichtige vorzunehmen.

Im allgemeinen wird jedes öffentliche und private Eigentum vom Besitzer und nicht vom Militär gesichert.

Auf Befehl Sr. Majestät sind Ehrenposten lediglich bei Anwesenheit hoher und höchster Herrschaften zu stellen.

Kasernenwachen und Wirtshauspatrouillen sind wie bisher durch Militärpersonen zu besetzen.

b) Der militärische Arbeitsdienst ist durch Hilfsdienstpflichtige zu leisten, und zwar:
in den Kammern und Küchen der Truppen,
in den Handwerksstuben,
in den Waffenmeistereien,
in den Wäschereien,
im Krankenpflegedienst,
bei den Artillerie- und Traindepots,
bei Proviant- und Ersatzmagazinen,
auf den Sammelstationen.

c) Als Schreiber verwendete Militärpersonen sind bis auf wenige leitende Persönlichkeiten in allen Geschäftszimmern durch Hilfsdienstpflichtige zu ersetzen. Das gleiche gilt von dem militärischen Personal der Druckereien.

d) Der bisher von sogenannten Ordonnanzen in Geschäftszimmern, auf Wachen usw. versehene Dienst ist Hilfsdienstpflichtigen zu übertragen. Auf die Einrichtung eines besonderen Botendienstes in größeren Standorten wird hingewiesen.

Die Heranziehung von weiblichen Personen zu den unter b bis d genannten Zwecken auf Grund freier Arbeitsverträge darf keinesfalls durch die Einstellung Hilfsdienstpflichtiger beeinträchtigt werden.

e) Die Burschengestellung ist durch Zahlung der vorgeschriebenen Geldentschädigung weiterhin einzuschränken. Wo auf Burschengestellung nicht verzichtet wird, sind in Zukunft nach Möglichkeit Hilfsdienstpflichtige heranzuziehen.

f) Der gesamte **Bahn- und Brückenschutz** ist hinfort durch Hilfsdienstpflichtige auszuführen; zu diesem Dienst sind in erster Linie gediente Leute (Angehörige von Kriegervereinen und Schützenvereinen), die nicht mehr wehrpflichtig sind, heranzuziehen.

Die Verantwortung für die Sicherheit der Bahnen bleibt wie bisher bei den stellvertretenden Generalkommandos. Diese werden zu entscheiden haben, bei welchen militärisch wichtigen Kunstbauten auf Bewachung nicht verzichtet werden kann. Eine Nachweisung dieser Kunstbauten und der zu ihrer Überwachung eingesetzten Kräfte ist bis zum 15. 1. 1917 dem Kriegsamt einzureichen.

3. Die stellvertretenden Generalkommandos erlassen in ihren Korpsbezirken **öffentliche Aufrufe** zur freiwilligen Meldung von Hilfsdienstpflichtigen für die unter 2a—f genannten Tätigkeiten.

4. Diese Meldungen erfolgen im allgemeinen unmittelbar bei den Dienststellen, für die ein Bedarf an Hilfsdienstpflichtigen in den Aufrufen bekanntgegeben wird. Sie können auch erstattet werden bei Meldeämtern, Hauptmeldeämtern, Bezirkskommandos und Garnisonkommandos, sowie bei den Kommunalbehörden, welche diese Meldungen unter Angabe von Zahl und Art den Bedarfsstellen übermitteln.

Ganz besonders werden die Kommunalbehörden bei der Gewinnung von Hilfsdienstpflichtigen für den Bahn- und Brückenschutz von den zuständigen Dienststellen herangezogen werden müssen.

Die Bedarfsstellen melden etwaigen Überschuß von Hilfsdienstpflichtigen den stellvertretenden Generalkommandos. Diese regeln den Ausgleich zunächst in ihrem Korpsbezirk, demnächst mit den Nachbargeneralkommandos.

5. Die Entlohnung der Hilfsdienstpflichtigen hat vorläufig auf Grund freier Arbeitsverträge nach den ortsüblichen Sätzen zu erfolgen.

6. Die Versicherungsbedingungen und die rechtliche Stellung regeln sich vorläufig entsprechend diesem Arbeitsverhältnis. Endgültige Bestimmungen hierüber folgen.

7. Alle bei militärischen Behörden und militärischen Einrichtungen beschäftigten Hilfsdienstpflichtigen tragen eine schwarz-weiß-rote Armbinde mit Dienststempel und mit der Aufschrift: „Vaterländischer Hilfsdienst." Außerdem erhalten sie einen schriftlichen Ausweis der militärischen Dienststelle, die sie angestellt hat. Dieser ist bei den im militärischen Sicherheitsdienst, sowie beim Bahn- und Brückenschutz angestellten Hilfsdienstpflichtigen nach Möglichkeit auf die Rückseite einer Photographie der Betreffenden aufzukleben.

8. Die im Sicherheitsdienst usw. verwendeten Hilfsdienstpflichtigen sind mit Gewehren älteren Modells oder mit Revolvern zu bewaffnen. Eine kurze Unterweisung über den Waffengebrauch erfolgt bei den Dienststellen, die diese Hilfsdienstpflichtigen anstellen.

9. Das Entlassungsverfahren Kriegsbeschädigter ist weiterhin möglichst zu beschleunigen. Mannschaften, die noch einer teilweisen Behandlung in Lazaretten, Genesungsheimen usw. bedürfen, sind im Benehmen mit den zuständigen Ärzten zu einem nach Zeit und Art begrenzten Hilfsdienst heranzuziehen.

10. Es ist nicht zulässig, daß bereits im vaterländischen

Arbeitskräfte, nicht im Sinne des Gesetzes beschäftigte 19, 38, 43.
Arbeitslose von Hilfsdienstpflichtigen 20.
Armbinde 109.
Artillerie- und Traindepots 107.
Aufforderung zur Meldung zum Hilfsdienst 19, 38, 44.
Auflösung des Beschäftigungsverhältnisses 57 ff., 75 f.
Aufrufe, öffentliche, zu freiwilliger Meldung 90.
Ausführungsbestimmungen des Bundesrats 7 ff.
Auskünfte über Beschäftigungs- und Arbeitsfragen, sowie über Lohn- und Betriebsverhältnisse 29, 57.
Ausscheiden von Hilfsdienstpflichtigen 45, 57.
Ausschuß, vom Reichstag gewählter 11, 30, 31, 49.
Ausschüsse, Einsetzung von 10; — für jeden Bezirk einer Ersatzkommission 17, 19, 21, 25, 27, 40, 44; — Beschwerdeinstanz 39, 45, 48; — für den Bezirk jedes stellvertretenden Generalkommandos 17, 18, 19, 37, 42, 44; — Verpflichtung zur Auskunft über Beschäftigungs- und Arbeitsfragen sowie über Lohn- und Betriebsverhältnisse 40, 48.
Ausschüsse, vorläufige 51; Amtsverschwiegenheit der Mitglieder der 55; Verpflichtung bei Erlaß von Entscheidungen 55.
Außerkrafttreten des Gesetzes 30, 36, 50.
Ausweis, schriftlicher, der Hilfsdienstpflichtigen 109.

B.

Bahnen- und Brückenschutz 108.
Bayern, Sonderbestimmungen 17, 18, 38, 43.
Bedürfnisfrage für den vaterländischen Hilfsdienst 37, 42.
Befreiung von der Meldepflicht 63, 64.
Befreiungsschein 76.
Begründung des Regierungsentwurfs 32.
Behörden, Personalbedürfnis 17, 37, 42.
Behörden und behördliche Einrichtungen, bei solchen beschäftigte Personen 15, 37, 41, 55, 63.
Berggewerbegericht, Anrufung des 25, 47.

Beruf, Betrieb, Bedürfnisfrage für den vaterländischen Hilfsdienst 17, 37, 42.

Beschäftigung, Überweisung zu einer 34; — von Arbeitern, die im Hilfsdienst tätig sind, Verbot der 20, 39, 45.

Beschäftigungs- und Arbeitsfragen, Verpflichtung zur Auskunfterteilung über — 29, 40, 48.

Beschäftigungsverhältnis, Auflösung des — 57 ff., 70 f.

Bescheinigung des letzten Arbeitgebers bei Beschäftigung von Hilfsdienstpflichtigen 20, 45; — zum Aufgeben der Arbeit berechtigende 28; s. a. Abkehrschein.

Beschwerde gegen Überweisung von Hilfsdienstpflichtigen 19, 39, 44, 57, 58, 74, 75, 76.

Beschwerdegang gegen Entscheidungen des Ausschusses 10.

Betriebe, industrielle, der Heeres- und Marineverwaltung 28; Schlichtungsstelle bei Streitigkeiten 48; landwirtschaftliche — 28.

Betriebsverhältnisse, Auskunft über 29.

Botendienst, besonderer, in größeren Standorten 58.

Bundesrat 29, 36, 49; — Kompetenz nach dem Regierungsentwurf v. 29. November 1916 32; — Recht zum Erlaß von Strafbestimmungen 30 49; — Zustimmung des 8 ff.

Burschengestellung 89.

D.

Dauer der vaterländischen Dienstpflicht 5, 31, 41.

E.

Ehrenamt, der Vertreter der Arbeitgeber und Arbeitnehmer 54.

Einberufungsausschüsse 68 ff.

Einigungsämter 25, 26, 47.

Einrichtung, behördliche 17, 37, 42.

Eisenbahnbetriebe 11.

Entlassungsverfahren Kriegsbeschädigter 109.

Entlohnung der Hilfskräfte 109.

Entstehungsgeschichte des Gesetzes 7 ff.

Entwürfe des Gesetzes 8, 31, 41.

Ersatzkommission, Ausschuß für jeden Bezirk einer 17, 19, 21, 25, 27, 39, 40, 44.
Ersatzmagazine 107.

F.

Fachvereine und sonstige wirtschaftliche Verbände, Zuziehungen bei Entscheidungen 55.
Fahrkosten der Vertreter der Arbeitgeber und Arbeitnehmer 54.
Familienverhältnisse von nicht beschäftigten Hilfsdienstpflichtigen 20, 39, 44.
Feststellungsausschüsse 68ff.
Forstwirtschaft, bei dieser beschäftigte Personen 15, 16, 41, 85.
Frauen 35, 107.
Freiwillige Meldung zum Hilfsdienst 19, 38, 44.

G.

Garnisondienst 106.
Garnisonswäschereien 107.
Geldstrafen 55ff.
Gemeindebehörden, Zuziehung bei Entscheidungen 55.
Generalkommando, Ausschuß für den Bezirk jedes Stellvertretenden 17, 18, 51, 106ff.; — Personalbestand des 37, 42ff.
Generalkommandos, stellvertretende, öffentliche Aufrufe 108.
Gesindeordnung, Ausschuß d. landesgesetzlichen 8.
Gewerbegericht, Anrufung eines 25, 47.
Gewerbeordnung Titel VII 22.
Gewerbegerichtsgesetz §§ 66, 68—73 25ff.
Gesundheit und bisherige Tätigkeit, Berücksichtigung der 20, 39, 44.
Groener, Generalleutnant, Chef des Kriegsamts 9, 12ff., 16.

H.

Handel und Handwerk, Zuziehung der amtlichen Vertretung bei Entscheidungen 55.
Handwerksstuben der Truppen 107.
Haushaltsausschuß d. Reichstages, Beratung des Entwurfs 9.
Helfferich, Staatssekretär 7, 11, 12.
Heeres- und Marineverwaltung, industrielle Betriebe der 28, 48.
Heranziehung zum Hilfsdienst 10, 37; s. a. Verpflichtung.

Hilfsdienstpflichtige, Ausscheiden von 45; — nicht beschäftigte 19; — Überweisung von' —n zu einer Beschäftigung 19, 20, 39, 44.

J.

Industrie, Zuziehung der amtlichen Vertretung bei Entscheidungen 55.

Inkrafttreten des Gesetzes vom 5. Dezember 1916 30, 36, 49.

Innungen als Einigungsämter 47.

Invaliden- u. Hinterbliebenenversicherung der im Hilfsdienst Beschäftigten 95, 98.

K.

Kabinettsorder betreffend Errichtung des Kriegsamts 16.

Kasernenwachen 107.

Kaufmannsgericht, Anrufung 25.

Krankenpflege, bei dieser beschäftigte Personen 15, 37, 41.

Krankenversicherung der im Hilfsdienst Beschäftigten 89.

Krankenwartedienst in Lazaretten 107.

Kriegführung, bei Berufen und Betrieben der — beschäftigte Personen 15, 37, 41.

Kriegsamt beim Königlich Preußischen Kriegsministerium 8, 16; beim — einzurichtende Zentralstelle 18, 38, 43; — Kompetenz nach dem Regierungsentwurf v. 29. November 1916 32; — Entscheidungen im Benehmen mit den zuständigen Reichs- oder Landesbehörden 37, 44; Errichtung des —s 16; Verpflichtung des —s dem Reichstagsausschuß gegenüber 30, 49; — Verpflichtung zur Auskunft über Beschäftigungs- und Arbeitsfragen sowie über Lohn- und Betriebsverhältnisse 40, 48, 52; Meldekarten 62; Richtlinien für die stellvertretenden Generalkommandos und übrigen militärischen Stellen 106 ff.

Kriegsausschüsse 21, 46, 51 ff.

Kriegsindustrie, bei dieser beschäftigte Personen 15, 37, 41, 63.

Kriegsministerien, Ersuchen der Königlich bayerischen, sächsischen und württembergischen 55.

Kriegswirtschaftbetriebe, Arbeitskräfte für 110.

Küchen der Truppen 107.

Kunstbautenschutz 108.

L.

Landeszentralbehörden 17, 19, 24, 37, 38, 42, 44, 46; — Bestellung von Mitgliedern des Bezirksausschusses des Stellvertretenden Generalkommandos 18, 38, 43.

Landwirtschaft, gewerbliche Arbeiter der 28; — bei dieser beschäftigte Personen 15, 16, 37, 41, 63.

Landwirtschaft, Zuziehung der amtlichen Vertretung, bei Entscheidungen 55.

Lazarette 107.

Lebensalter, Berücksichtigung des —s 20, 39, 44.

Leitung des vaterländischen Hilfsdienstes durch das Kriegsamt 16, 42.

Lesungen des Gesetzes 9, 10.

Lohn- und Betriebsverhältnisse, Verpflichtung zur Auskunftserteilung über 29, 40, 48.

M.

Mahnverfahren 56.

Marineinteressen bei Entscheidungen der einzurichtenden Zentralstelle 18, 38, 43, 56.

Marineverwaltung, industrielle Betriebe der 28, 48.

Maschinenschreiber 107.

Meldekarte 62 ff.

Meldung zum Hilfsdienst 19, 38, 44, 57ff., 61 ff.

Meldung, Vorschriften für die 61ff.

Militärpersonen, als Schreiber verwendete 107; Austausch von — durch Hilfsdienstpflichtige 106, 110.

N.

Nichthilfsdienstpflichtige, angestellte oder beschäftigte 110.

O.

Ordonnanzen und Boten 107.

Organisation, kriegswirtschaftliche, bei solchen beschäftigte Personen 15, 37, 41.

Österreich-Ungarn, Ausdehnung des Gesetzes auf die Angehörigen der österreichisch-ungarischen Monarchie 105.

P.

Personalbedürfnis der Behörden 17, 37 42.

Personen, die in der vaterländischen Dienstpflicht als tätig gelten 5, 31, 41; — die vor dem 1. August 1916 in einem land- und forstwirtschaftlichen Betriebe tätig waren 6, 42; weibliche — s. Frauen.

Proviantämter und Proviantdepots 107.

R.

Rechts- und Prozeßschutz der Hilfsdienstpflichtigen 78.

Reichsamt des Innern, Verhandlungen mit dem 8.

Reichskanzler, Ernennung zweier Beamten der beim Kriegsamt einzurichtenden Zentralbehörde durch den 38, 43.

Reichsmarineamt 18, 38, 43.

Regierungsentwurf vom 29. November 1916 31; — Begründung 32; — Richtlinien für die Ausführung des 37.

Reichstagsausschuß, Rechte des, insbesondere d. Kriegsamt gegenüber 30, 49.

Richtlinien für die Ausführung des Regierungsentwurfs 37; — des Kriegsamts für die stellvertretenden Generalkommandos und übrigen militärischen Stellen 106 ff.

S.

Sachsen, Sonderbestimmungen 17, 18, 38, 43.

Sammelstationen 107.

Schlichtungsausschüsse 68 ff.

Schließungsstellen 35, 40.

Schreiber 107.

Sicherheitsdienst, militärischer 108, 109.

Sonderbestimmungen für Bayern, Sachsen u. Württemberg 17, 18, 38, 43.

Steindrucker und Setzer 95.

Stellvertreter in der Zentralstelle und den Ausschüssen 52 ff.

Stenographen 107.

Strafbestimmungen des Gesetzes 29, 48.

Streitigkeiten in industriellen Betrieben der Heeres- und Marineverwaltung 48.

T.

Tagegelder für die Vertreter der Arbeitgeber u. Arbeitnehmer 54.

U.

Überweisung von Hilfsdienstpflichtigen zu Beschäftigungen 19 ff., 34, 39, 44.

Unfallversicherung der im Hilfsdienst Beschäftigten 92, 97.
Unterschiede, soziale 34.

V.

Vereins- und Versammlungsrecht 8, 28.
Verfahren bei den Ausschüssen 45, 59 ff., 62 ff.; — vor der Zentralstelle 59 ff., 67 ff.
Verkündung des Gesetzes 30, 49.
Verordnungen, allgemeine 29, 36, 49, 51 ff.
Verpflichtung zum vaterländischen Hilfsdienst 15, 35, 37, 41, 106 ff.
Versicherung der im Hilfsdienst Beschäftigten 88 ff.
Volksversorgung, bei Berufen und Betrieben der — beschäftigte Personen 15, 37, 41.

W.

Waffengebrauch, Unterweisung im 109.
Waffenmeistereien zum Ausbessern der Waffen 107.
Wehrpflichtige, zurückgestellte 77.
Wirtshauspatrouillen 107.
Wochenhilfe 79 ff.
Württemberg, Sonderbestimmungen 17, 18, 38, 43, 52.

Z.

Zentralstelle, beim Kriegsamt einzurichtende 18, 38, 43, 52; — Amtsverschwiegenheit der Mitglieder 55; Verfahren vor der — 59, 67 ff.

Druck von A. W. Hayn's Erben (Curt Gerber), Potsdam.

Nachtrag

zum

Gesetz über den vaterländischen Hilfsdienst

(Guttentag'sche Sammlung Deutscher Reichsgesetze Nr. 125).

Bekanntmachung, betreffend weitere Bestimmungen zur Ausführung des § 7 des Gesetzes über den vaterländischen Hilfsdienst.

Vom 13. November 1917.

(RGBl. S. 1040.)

Der Bundesrat hat auf Grund des § 19 des Gesetzes über den vaterländischen Hilfsdienst vom 5. Dezember 1916 (RGBl. S. 1333) mit Zustimmung des vom Reichstag gewählten Ausschusses folgende Verordnung erlassen:

§ 1.

Zum Zwecke der Heranziehung zum vaterländischen Hilfsdienst haben die Ortsbehörden die nach der Verordnung vom 1. März 1917 (RGBl. S. 202) aufgestellte Nachweisung nach Maßgabe der folgenden Bestimmungen zu ergänzen und die Ergänzung dem zuständigen Einberufungsausschusse (§ 7 Abs. 2 des Gesetzes) bis zum 20. Dezember 1917 zur Verfügung zu stellen. Bestehen für den Bezirk einer Ortsbehörde mehrere Einberufungsausschüsse, so regelt die Kriegsamtstelle die Zuständigkeit.

§ 2.

Auf öffentliche Aufforderung der Ortsbehörde haben sich die nachstehend aufgeführten Personen innerhalb der in der Aufforderung bestimmten Frist bei der darin angegebenen Stelle persönlich zu melden und die für die Ausfüllung einer

Meldekarte nach anliegendem Muster erforderlichen Angaben zu machen:

1. alle männlichen Deutschen, die nach dem 31. März 1858 geboren sind und das siebzehnte Lebensjahr vollendet haben, soweit sie nicht
   a) zum aktiven Heere oder zur aktiven Marine gehören oder
   b) auf Grund einer Reklamation vom Dienste im Heere oder in der Marine zurückgestellt sind;
2. alle männlichen Angehörigen der österreichisch-ungarischen Monarchie, die nach dem 31. März 1858 geboren sind und das siebzehnte Lebensjahr vollendet haben, soweit sie im Gebiete des Deutschen Reichs ihren Wohnsitz oder ihren gewöhnlichen Aufenthalt haben und nicht zum aktiven Heere oder zur aktiven Marine gehören.

Die Meldung hat am Wohnort des Meldepflichtigen zu erfolgen.

§ 3.

Wer sich gemäß §§ 2, 3, 6 Abs. 1 der Verordnung vom 1. März 1917 persönlich oder schriftlich gemeldet hat und dies durch Vorlegung des gestempelten Abreißstreifens der Meldekarte nachweisen kann, braucht sich nicht neu zu melden; die Pflichten aus den nachstehenden §§ 7, 9 gelten jedoch auch für ihn.

Dagegen gilt die neue Meldepflicht auch für diejenigen, welche nach § 5 der Verordnung vom 1. März 1917 von der Meldepflicht befreit waren, soweit sie sich nicht gemäß § 6 Abs. 1 derselben Verordnung gemeldet haben und dies gemäß Abs. 1 nachweisen können.

§ 4.

Von der persönlichen Meldung (§ 2) ist befreit, wer sich innerhalb der in der öffentlichen Aufforderung der Ortsbehörde bestimmten Frist bei der darin angegebenen Stelle schriftlich unter ordnungsmäßiger Ausfüllung der vorgeschriebenen Karte meldet. Für diese Meldung ist ebenfalls das anliegende Muster maßgebend.

In der Aufforderung ist bekanntzugeben, wo die Meldepflichtigen die Meldekarten erhalten.

§ 5.

Von der persönlichen Meldung sind ferner die in öffentlichen oder privaten Anstalten (Straf-, Besserungs-, Heilanstalten usw.) mit Einschluß der geschlossenen Unterrichtsanstalten (Internate) untergebrachten Meldepflichtigen befreit. Für sie hat der Anstaltsleiter oder der von ihm dazu bestellte Vertreter die Meldung schriftlich nach Maßgabe des § 4 zu erstatten. Mit Genehmigung des Kriegsamts, in Bayern, Sachsen und Württemberg des Kriegsministeriums, können diese Meldungen von einzelnen Anstaltsleitern ganz oder teilweise auf Listen erstattet werden.

§ 6.

Genügen die Angaben in der schriftlichen Meldung nicht oder bestehen Bedenken gegen ihre Richtigkeit, so hat der Meldepflichtige sie zu ergänzen oder aufzuklären. Die Ortsbehörde kann ihn zu diesem Zwecke vorladen und sein Erscheinen nach den landesrechtlichen Vorschriften erzwingen.

§ 7.

Jeder Meldepflichtige hat auf Aufforderung des Vorsitzenden des Einberufungsausschusses persönlich zu erscheinen, auf Fragen des Vorsitzenden oder seines Vertreters Auskunft zu erteilen und sich einer Untersuchung durch den vom Vorsitzenden bestimmten Arzt zu unterziehen, sofern dies für die Feststellung der körperlichen Eignung des Hilfsdienstpflichtigen für eine bestimmte Arbeit erforderlich ist.

§ 8.

Zur weiteren Ergänzung der Nachweisungen (§ 1) haben sich ferner persönlich bei dem für ihren Wohn- oder Aufenthaltsort zuständigen Einberufungsausschusse zu melden:

1. alle männlichen Deutschen, die das sechzigste Lebensjahr noch nicht vollendet haben und die nach Ablauf der von der Ortsbehörde nach § 2 bestimmten Meldefrist aus dem Dienste im Heere oder in der Marine aus anderen Gründen als infolge einer Reklamation ausscheiden,
2. alle im Reichsgebiete wohnhaften männlichen Deutschen und Angehörigen der österreichisch-ungarischen Monarchie, die nach Ablauf der von der Ortsbehörde nach § 2 bestimmten Meldefrist das siebzehnte Lebensjahr vollenden, soweit sie nicht zum aktiven Heere oder zur aktiven Marine gehören,
3. alle männlichen Deutschen und Angehörigen der österreichisch-ungarischen Monarchie vom vollendeten siebzehnten bis zum vollendeten sechzigsten Lebensjahre, die nach Ablauf der von der Ortsbehörde nach § 2 bestimmten Meldefrist ihren Wohnsitz oder gewöhnlichen Aufenthalt in das Reichsgebiet verlegen, soweit sie nicht zum aktiven Heere oder zur aktiven Marine gehören.

Die Meldung hat binnen zwei Wochen zu erfolgen. Diese Frist beginnt in den Fällen zu 1 mit dem Tage nach der Entlassung aus dem Dienste im Heere oder in der Marine, in den Fällen zu 2 mit dem ersten Tage des achtzehnten Lebensjahrs, in den Fällen zu 3 mit dem Tage nach der Begründung des Wohnsitzes oder des gewöhnlichen Aufenthalts im Reichsgebiete.

Von der persönlichen Meldung ist befreit, wer sich innerhalb der im Abs. 2 angegebenen Frist bei dem Einberufungsausschusse schriftlich unter ordnungsmäßiger Ausfüllung der vorgeschriebenen Karte (§ 4 Abs. 1 Satz 2) meldet; dabei gilt § 7.

Für die Meldung der in öffentlichen oder privaten Anstalten untergebrachten Meldepflichtigen gilt § 5.

Das Kriegsamt, in Bayern, Sachsen und Württemberg das Kriegsministerium, bestimmt näheres über die Bekanntmachung der Vorschriften dieses Paragraphen und gibt an, wo die Meldepflichtigen die Meldekarten erhalten.

§ 9.

Scheidet ein Meldepflichtiger vor Vollendung des sechzigsten Lebensjahrs aus der Beschäftigung bei seinem bisherigen Arbeitgeber aus oder wechselt er seine Wohnung, so hat er dies spätestens am dritten darauf folgenden Werktag dem für seinen Wohnort und, wenn er diesen wechselt, für seinen bisherigen Wohnort zuständigen Einberufungsausschusse mitzuteilen. Dabei ist eine neue Tätigkeit, ein neuer Arbeitgeber, die neue Wohnung sowie eine militärische Einberufung anzugeben.

Das Ausscheiden hat auch der bisherige Arbeitgeber spätestens am dritten darauf folgenden Werktag dem für den bisherigen Wohnort des Meldepflichtigen zuständigen Einberufungsausschusse mitzuteilen.

Meldepflichtige, die bei einer Reichs-, Staats-, Gemeinde- oder Kirchenbehörde oder im Hofdienst angestellt oder beschäftigt sind, haben, solange sie das sechzigste Lebensjahr noch nicht vollendet haben, die Mitteilungen nach Abs. 1 zu machen, wenn sie ihre Wohnung wechseln oder wenn sie dauernd oder vorübergehend aus dem Dienste bei ihrer bisherigen Behörde oder Dienststelle ausscheiden, ohne zugleich in den Dienst einer anderen Behörde oder Dienststelle einer der bezeichneten Gruppen einzutreten. Ein solches Ausscheiden hat auch der unmittelbare Vorgesetzte dem für den bisherigen Wohnort des Meldepflichtigen zuständigen Einberufungsausschuß unverzüglich mitzuteilen.

Für die in einer öffentlichen oder privaten Anstalt im Sinne des § 5 untergebrachten Meldepflichtigen hat der

Anstaltsleiter oder sein Vertreter die Mitteilungen nach Abs. 1 zu machen.

§ 10.

Der Arbeitgeber, dem ein Hilfsdienstpflichtiger gemäß § 7 Abs. 3 des Gesetzes überwiesen wird, hat spätestens am dritten Werktag nach dem in der Benachrichtigung angegebenen Antrittstage dem Ausschuß, der die Überweisung vorgenommen hat, oder der von diesem angegebenen Stelle mitzuteilen, ob der Hilfsdienstpflichtige eingestellt worden ist und die Arbeit bei ihm aufgenommen hat.

§ 11.

Wer eine Meldung nach § 2, § 3 Abs. 2, § 4 Abs. 1, § 5 Satz 2, § 8 Abs. 1 bis 4 erstattet, erhält als Bestätigung den ordnungsmäßig ausgefüllten und gestempelten Abreißstreifen der Meldekarte. Bei Mitteilungen nach den §§ 9, 10 ist auf Verlangen eine entsprechende Bestätigung zu erteilen.

§ 12.

Jeder Arbeitgeber, der in seinem Betriebe Hilfsdienstpflichtige beschäftigt, ist verpflichtet, die Vorschriften im § 9 Abs. 1, 2, § 15, § 16 Abs. 1 durch einen lesbaren Aushang an allgemein zugänglicher Stelle in der Betriebsstätte dauernd bekanntzugeben.

§ 13.

Die Vordrucke für die Meldekarten (§ 2 Abs. 1, §§ 4, 5, § 8 Abs. 3, 4) stellt das Kriegsamt, in Bayern, Sachsen und Württemberg das Kriegsministerium, den Ortsbehörden zur Verfügung.

Die den Ortsbehörden durch die Aufstellung der neuen Nachweisungen (§§ 1 bis 6) nachweislich entstandenen Kosten trägt das Reich. Sie sind bei den vom Kriegsamt, in Bayern, Sachsen und Württemberg vom Kriegsministerium, zu bezeichnenden Stellen vierteljährlich anzufordern.

§ 14.

Als Ortsbehörden im Sinne dieser Verordnung gelten dieselben Stellen, welche die Landeszentralbehörden auf Grund des § 9 der Verordnung vom 1. März 1917 dafür bestimmt haben, soweit nicht eine Landeszentralbehörde etwas anderes bestimmt.

§ 15.

Wer die in den §§ 2, 4 bis 6, 8 bis 10 vorgeschriebenen Meldungen oder Mitteilungen schuldhaft unterläßt, der Aufforderung des Vorsitzenden des Einberufungsausschusses zum persönlichen Erscheinen keine Folge leistet, die Auskunft auf Fragen dieses Vorsitzenden oder seines Vertreters verweigert oder sich der angeordneten ärztlichen Untersuchung nicht unterzieht, kann durch Beschluß des Einberufungsausschusses mit einer Ordnungsstrafe bis zu einhundert Mark und, wenn die Geldstrafe nicht beizutreiben ist, mit Haft bis zu drei Tagen bestraft werden.

Auf die Beitreibung und die Verwendung der Geldstrafe findet § 12 der Verordnung vom 21. Dezember 1916 (RGBl. S. 1411) Anwendung.

Gegen die Festsetzung der Strafe findet Beschwerde an die beim Kriegsamt errichtete Zentralstelle statt; die Beschwerde hat aufschiebende Wirkung.

§ 16.

Mit Gefängnis bis zu sechs Monaten oder mit Geldstrafe bis zu zehntausend Mark wird bestraft, wer in einer Meldung, Mitteilung oder Auskunfterteilung nach den §§ 2, 4, 6 bis 10 dieser Verordnung oder in einer Mitteilung nach § 11 der Verordnung vom 30. Januar 1917 (RGBl. S. 85) wissentlich unrichtige oder unvollständige Angaben macht.

Die gleiche Strafe trifft den Anstaltsleiter oder seinen Vertreter, der in einem Falle des § 5, des § 8 Abs. 4 oder des § 9 Abs. 4 wissentlich unrichtige oder unvollständige Angaben macht, sowie den Meldepflichtigen selbst, der in einem solchen Falle dem Anstaltsleiter oder seinem Vertreter gegenüber derartige Angaben macht.

§ 17.

Mit Geldstrafe bis zu zehntausend Mark oder mit Haft wird bestraft, wer als Arbeitgeber unrichtige Angaben, die in einer Meldung, Mitteilung oder Auskunfterteilung nach den §§ 2, 4 bis 8, § 9 Abs. 1, 4 dieser Verordnung oder in einer Mitteilung nach § 11 der Verordnung vom 30. Januar 1917 (RGBl. S. 85) der Ortsbehörde, dem Einberufungsausschusse, seinem Vorsitzenden oder dessen Stellvertreter gemacht werden, einer dieser Stellen oder Personen gegenüber durch seine Unterschrift oder in anderer Weise bestätigt, obwohl er die Unrichtigkeit kennt oder kennen muß.

§ 18.

Die Verordnung tritt mit dem Tage der Verkündung in Kraft. Mit dem gleichen Tage tritt die Verordnung vom 1. März 1917 mit Ausnahme des § 10 außer Kraft.

Berlin, den 13. November 1917.

Der Reichskanzler.

In Vertretung:

Dr. Schwander.

Druck von A. W. Hayn's Erben (Curt Gerber), Potsdam.

Guttentagsche Sammlung

Deutscher Reichsgesetze.

Text-Ausgaben mit Anmerkungen. Taschenformat.

Nr. 1. **Verfassung des Deutschen Reichs.** Von Dr **L. von Rönne. 10. Aufl.** von Landrat **P. v. Rönne** und Reg.Assessor **v. Dobbeler. — 1912.** 3,— M

Nr. 2. **Strafgesetzbuch** für das Deutsche Reich nebst 20 der wichtigsten strafrechtl. Nebengesetze. Von Prof. Dr **Fr. v. Liszt** und Prof. Dr **E. Delaquis. 24. Aufl. — 1914.** 3,40 M

Nr. 3. **Militärstrafgerichtsordnung** nebst Einführungsgesetz. Von Wirkl. Geh. Kriegsrat Dr **A. Romen** und Kriegsgerichtsrat Dr **C. Rissom. — 1918. 2. Aufl.** 17,50 M

Feldausgabe in 2 Bänden gebunden 18,50 M

Nr. 4. **Handelsgesetzbuch vom 10. Mai 1897** unter Ausschluß des Seerechts. **15. Aufl.** Herausgegeben von Geh. J.Rat Prof. Dr **A. Mosse.** 8°. — **1915.** 6,50 M

Nr. 5. **Wechselordnung vom 3. Juni 1908.** Kommentar von Justizrat Dr **F. Stranz** und Rechtsanwalt Dr **M. Stranz,** und das **Wechselstempelgesetz vom 15. Juli 1909** von Geh. Reg.Rat **P. Loeck. 11. Aufl. — 1913.** 4,50 M

Nr. 5a. **Wechselstempelgesetz** apart. **11. Aufl. — 1913.** 1,80 M

Nr. 6. **Reichsgewerbeordnung** nebst Ausführungsbestimmungen. **10. Aufl.** von Stadtrat Dr **K. Flesch,** Dr **Fr. Hiller** und Dr **H. Luppe. — 1915.** 5,50 M

Nr. 7. **Post- und Telegraphen-Gesetzgebung.** Nebst Weltpostvertrag und Internationalem Telegraphenvertrag. **6. Aufl.** von Geh. Ob.Postrat Dr **M. König. — 1908.** 4,50 M

Nr. 8. Die Reichsgesetze über den **Unterstützungswohnsitz, Freizügigkeit, Reichs- und Staatsangehörigkeit.** Von Geh.Rat Dr **F. Krech. 8. Aufl. — 1913.** 4,— M

Nr. 9. Sammlung **kleinerer strafrechtlicher Reichsgesetze.** Von Prof. Dr **R. H. Kriegsmann. 3. Aufl. — 1910.** 4,50 ℳ

Nr. **10.** Das **Reichsbeamtengesetz** vom 31. März 1873. Von **J. Pieper. — 2. Aufl. 1901.** 5,— ℳ

Reichsbeamtengesetz von **1907,** siehe Nr. **82.**

Nr. **11. Zivilprozeßordnung mit Gerichtsverfassungsgesetz.** Von **R. Sydow.** Fortgeführt von Reichs-G.Rat **L. Busch. 14. Aufl.** mit Nachtrag, Novellen vom 9. Sept. 1915 u. 18. Mai 1916. **8°. — 1913.** 9,— ℳ

Nr. **12. Strafprozeßordnung und Gerichtsverfassungsgesetz** nebst den Gesetzen, betr. die Entschädigung der im Wiederaufnahmeverfahren freigesprochenen Personen und die Entschädigung für unschuldig erlittene Untersuchungshaft. Von Reichs-G.Rat Dr **A. Hellweg. 17. Aufl.,** bearbeitet von Prof. Dr **Kohlrausch. — 1918.** 5,50 ℳ

Nr. **13. Konkursordnung und Anfechtungsgesetz.** Von **R. Sydow.** Fortgeführt von **L. Busch. 12. Aufl. — 1916.** 4,20 ℳ

Nr. **14. Gerichtsverfassungsgesetz** mit Einführungsgesetz. Herausgegeben von **R. Sydow.** Fortgeführt von **L. Busch. 9. Aufl. — 1905.** 1,80 ℳ

Nr. **15. Das Deutsche Gerichtskostengesetz** nebst den Gebührenordnungen für Gerichtsvollzieher, Zeugen und Sachverständige. Von **R. Sydow.** Bearbeitet von **L.** und **A. Busch. 9. Aufl.** mit Nachtrag, enth. die Novelle vom 10. Juni 1914. **1912.** 3,— ℳ

Nr. **16. Rechtsanwaltsordnung.** Von **R. Sydow. 5. Aufl.** von Justizrat **M. Jacobsohn.** Mit Nachtrag, enth. die Bestimmungen vom 22. Mai 1910. — **1907.** 1,50 ℳ

Nr. **17.** Die **Deutsche Gebührenordnung für Rechtsanwälte und das Preußische Gebührengesetz** vom 27. IX. / 6. X. 1899.

Von **R. Sydow.** Fortgeführt von **L.** und **A. Busch. 11. Aufl.** Mit Nachtrag, enth. die Bestimmungen vom 8. Nov. 1916. — **1914.** 3,40 ℳ

Nr. **18. Reichsstempelgesetz** vom 3. Juli 1913. (Börsen-, Lotterie-, Frachturkunden-, Fahrkarten-, Kraftfahrzeug-, Tantieme-, Scheck- und Grundstücksübertragungssteuer.) Mit den gesamten Ausführungsbestimmungen. **12. Aufl.** von Geh. Reg.-Rat **P. Loeck,** mit Nachtrag, enth. das **Frachturkunden-** und **Warenumsatzstempelgesetz** vom 17. und 26. Juni 1916. — **1914.** **8°.** 10,— ℳ

Nr. **19.** Die **Seegesetzgebung.** Von Dr **W. E. Knitschky. 5. Aufl.** bearbeitet von Ober-L.G.Rat **O. Rudorff.** — **1913.** 8,50 ℳ

Nr. **20. Krankenversicherungsgesetz (1883).** Von weil. Dr **E. von Woedtke.** — Neue Fassung **(1911),** siehe **Nr. 107.**

Nr. **21.** Die **Konsulargesetzgebung.** Von Prof. Dr **Ph. Zorn. 3. Aufl.** von Dr **A. Zorn.** — **1911.** 5,— ℳ

Nr. **22. Patentgesetz.** Nebst Ausführungsbestimmungen, völkerrechtlichen Verträgen und der Patentanwalts-Ordnung. **7. Aufl.** bearbeitet von **R. Lutter,** Geh. Reg.Rat im Kaiserl. Patentamt. — **1908.** 3,20 ℳ

(**Kriegsvorschriften auf dem Gebiete des gewerblichen Rechtsschutzes.** Von **R. Lutter.** — **1917.** 8°. 2,50 ℳ.)

Nr. **23. Gewerbe-Unfallversicherungsgesetz. (1884.)** Von weil. Dr **E. v. Woedtke.** — Neue Fassung **(1911),** siehe **Nr. 108.**

Nr. **24. Aktiengesellschaft und Kommanditgesellschaften auf Aktien.** Von Dr **H. Keyßner** und Dr **H. Veit Simon. 6. Aufl.** von Amtsrichter **L. Keyßner.** — **1911.** 3,40 ℳ

Nr. **25. Brausteuergesetz** vom 15. Juli **1909.** Von Oberzollrevisor **A. Düffe. 2. Aufl.** — **1910.** 3,40 ℳ

Nr. **26.** Die Reichsgesetzgebung **über Münz- und Notenbankwesen,** Papiergeld, Prämienpapiere und Reichsschulden. **Von Dr R. Koch. 6. Aufl.** — **1910.** 4,50 ℳ

Nr. 27. **Gesundheitswesen im Deutschen Reich.** Von Dr jur. **C. Goesch** und Dr med. **J. Karsten.** — **1888.** 2,— *M*

Nr. 28. Bau-Unfallversicherungsgesetz. Vom 30. Juni 1900. Von **R. Chrzescinski.** Neue Fassung **(1911)**, siehe Nr. **108.**

Nr. **29. Erwerbs- und Wirtschaftsgenossenschaften.** Von **L. Parisius** und Dr. **H. Crüger. 15. neu bearbeitete Aufl.** von Dr **H. Crüger.** — **1916.** 3,— *M*

Nr. **30. Invalidenversicherungsgesetz** (1899). Von weil. Dr **E. v. Woedtke.** Neue Fassung **(1911)**, siehe Nr. **109.**

Nr. **31. Gewerbegerichtsgesetz.** Von Stadtrat **L. Mugdan. 7. Aufl.** bearbeitet von Oberbürgermeister **W. Cuno.** — **1911.** 2,80 *M*

Nr. **32.** Reichsgesetz, betr. die **Gesellschaften mit beschränkter Haftung.** Von **L. Parisius** und Dr **H. Crüger. 13. Aufl.** von Dr **H. Crüger.** — **1914.** 2,40 *M*

Nr. **33. Vereins- und Versammlungsrecht.** Von Dr **E. Bail. 2. Aufl.** von Dr. **F. Friedenthal.** — **1907.** 2,80 *M*

Reichs-Vereinsgesetz vom 19. April 1908, siehe Nr. **88.**

Nr. **34.** Die **Abzahlungsgeschäfte.** Gesetz vom 16. Mai 1894. **3. Aufl.** von Land-G.Rat Dr **E. Wilke.** — **1910.** 1,60 *M*

Nr. **35.** Die **Reichs-Eisenbahngesetzgebung.** Von Kaiserl. Amtsrichter **W. Coermann.** — **1895.** 2,60 *M*. S. auch Nr. **66.**

Nr. **36.** Gesetze, betr. die **privatrechtlichen Verhältnisse der Binnenschiffahrt und der Flößerei.** Von Geh. J.Rat **E. Löwe. 5. Aufl.** — **1915.** 4,— *M*

Nr. **37.** Gesetz gegen den **unlauteren Wettbewerb.** Von Justizrat **A. Pinner. 6. Aufl.** — **1912.** 1,80 *M*

Nr. **38/39. Bürgerliches Gesetzbuch nebst Einführungsgesetz** von Dr **A. Achilles.** In Verbindung mit Prof. Dr **André,** Kammer-G.Rat **Ritgen,** Reichs-G.Rat Dr **Strecker,** Staatsrat Dr **v. Unzner.** Herausgegeben von Wirkl. Geh. Ob.J.Rat u. Ober-L.G.Präsident **Greiff. 8.** vermehrte **Aufl. 8°. — 1916.** 10,— *M*

Nr. **40.** Gesetz, betr. die **Pflichten der Kaufleute bei Aufbewahrung fremder Wertpapiere [Depotgesetz].** Von Min.-Dir. **F. Lusensky. 3. Aufl. — 1916.** 2,50 *M*

Nr. **41. Börsengesetz.** Von Wirkl. Geh.Ob.Reg.Rat **Th. Hemptenmacher. 3. Aufl.** von Syndikus **O. Meyer. — 1915.** 4,— *M*

Nr. **42. Grundbuchordnung** nebst den preuß. Ausf.-Bestimmungen. Von Prof. Dr **O. Fischer. 6. Aufl.** mit Nachtrag, enth. die Ergänzungen. — **1913.** 2,25 *M*

Nr. **43. Zwangsvollstreckung in das unbewegliche Vermögen** im Reiche und in Preußen. Kosten- und Gebührentabellen. Von Dr **J. Krech** u. Dr **O. Fischer. 8. Aufl.** bearbeitet von Prof. Dr **O. Fischer. — 1916.** 8,— *M*

Nr. **44.** Das Reichsgesetz über das **Auswanderungswesen.** Von Prof. Dr **F. Stoerk. — 1899.** 2,50 *M*

Nr. **45.** Das **Entmündigungsrecht** mit den für Preußen geltenden Vorschriften nebst Just.-Min.-Verfügung vom **28.** Nov. 1899. Von Land-G.Rat Dr **P. Koll. — 1900.** 1,80 *M*

Nr. **46.** Die Gesetze des Reiches und Preußens über die **freiwillige Gerichtsbarkeit.** Von Amts-G.Rat **H. Jastrow. 5. Aufl. — 1911.** 4,— *M*

Vergriffen! — Neue Auflage in Vorbereitung.

Nr. **47.** Das **deutsche Vormundschaftsrecht** und das preuß. Gesetz über die Fürsorgeerziehung Minderjähriger nebst den dazu gehörigen preuß. Nebengesetzen. Von Ober-Verw.G.Rat **M. Schultzenstein** u. Amts-G.Rat Dr **P. Köhne. 2. Aufl. — 1901.** 3,40 *M*

Nr. **48.** Gesetze, betr. den **Drogen-, Gift- und Farbenhandel** außerhalb der Apotheken. Von Dr **J. Broh. — 1899.** 1,50 *M*

Nr. **49.** Deutsche **Kolonialgesetzgebung.** Von Geh. J.Rat Prof. Dr **Ph. Zorn. 2. Aufl.** von G.Assessor Dr **Sassen. — 1913.** 8,— *M*

Nr. **50.** Der **Viehkauf [Viehgewährschaft] nach dem BGB.** Verordnung betr. die Hauptmängel und Gewährsfristen beim Viehhandel. Von Rechtsanwalt Dr **H. Stölzle** und Königl. Reg.- u. Vet.Rat **H. Weiskopf. 5. Aufl. — 1913.** 6,50 *M*

Nr. **51. Hypothekenbankgesetz** vom 13. Juli 1899. Von Dr **H. Göppert. 2. Aufl.** bearbeitet von Geh. Reg.Rat Dr **Seidel. 1911.** — 2,60 *M*

Nr. **52.** Gesetz, betr. die gemeinsamen **Rechte der Besitzer von Schuldverschreibungen.** Von Dr **H. Göppert. 2. Aufl.** bearbeitet von Amtsrichter Dr **E. Trendelenburg. — 1915.** 2,— *M*

Nr. **53. Reichspreßgesetz** vom 7. Mai 1874. Mit Kommentar von Bürgermeister **A. Born. 2. Aufl. — 1911.** 2,40 *M*

Nr. **54.** Die Reichsgesetzgebung über den Verkehr mit **Nahrungsmitteln, Genußmitteln** und **Gebrauchsgegenständen.** Von Dr **G. Lebbin,** Nahrungsmittelchemiker in Berlin. — **1900.** 2,50 *M*

Nr. **55.** Das Recht der **Beschlagnahme von Lohn- und Gehaltsforderungen.** Von Justizrat **G. Meyer. 5. Aufl. — 1914.** 3,— *M*

Nr. **56.** Gesetz, betr. die **Bekämpfung gemeingefährlicher Krankheiten.** Nebst Ausf.-Bestimmungen. Von Reg.Rat Dr **B. Burkhardt. — 1900.** 1,60 *M*

Nr. **57. See-Unfallversicherungsgesetz (1887).** Von Ober-L.G.Rat Dr **M. Mittelstein.** — Neue Fassung **1911,** siehe Nr. **108.**

Nr. 58. **Das Recht der unehelichen Kinder nach dem BGB.** Von Amtsgerichtsrat. **H. Jastrow. — 1901.** 2,— ℳ

Nr. 59. Reichsgesetz über die **Beurkundung des Personenstandes und die Eheschließung.** Von Amts-G.Rat Dr **F. Fidler. 2. Aufl. — 1912.** 2,80 ℳ

Nr. 60. Gesetz, betr. das **Urheberrecht an Werken der Literatur und der Tonkunst.** Von Geh. Ob.J.Rat **O. Lindemann. 3. Aufl. — 1910.** 1,80 ℳ

Nr. 61. Gesetz über das **Verlagsrecht.** Von Rechtsanwalt Dr **B. Marwitz. 2. Aufl. — 1911.** 2,— ℳ

Nr. 62. Gesetz über **private Versicherungsunternehmungen.** Von Reichs-G.Rat **H. Könige. 2. Aufl. — 1910.** 4,50 ℳ

Nr. 63. **Gesetzestafel des Deutschen Reichsrechts.** Systematisch geordnete Nachweisung des z. Z. geltenden Reichsrechts. Von **H. Bruhns. 2. Aufl. — 1913.** 4,— ℳ

Nr. 64. Gesetzsammlung betr. den **Handel mit Drogen und Giften.** Mit Anhang: landesgesetzliche Verordnungen sämtlicher Bundesstaaten. Von Rechtsanwalt **H. Sonnenfeld,** Syndikus der Berliner Drogisten-Innung. **2. Aufl. — 1912.** 4,50 ℳ

Nr. 65. Das **Weingesetz** in der Fassung von 1909. Mit Ausf.-Bestimmungen von Dr **G. Lebbin,** Nahrungsmittelchemiker. **2. Aufl. — 1909.** 2,80 ℳ

Nr. 66. Die **Eisenbahn-Gesetzgebung.** Von **W. Pietsch,** Rechn.Rat im Reichseisenbahnamt. **2. Aufl. — 1913.** 4,— ℳ

Nr. 67. **Militär-Strafgesetzbuch für das Deutsche Reich.** Von Wirkl. Geh. Kriegsrat Dr **A. Romen** und Kriegsgerichtsrat Dr **C. Rissom. 3. Aufl. — 1918.** 15,— ℳ

— — Feldausgabe in 2 Bänden, gebunden 16,— ℳ

Nr. 68. Das **Fleischbeschaugesetz.** Vom 3. Juni 1900. Von Dr **G. Lebbin** u. Dr **G. Baum. — 1908.** 4,50 ℳ

Nr. **69.** Reichsgesetz über die **Naturalleistungen der bewaffneten Macht im Frieden** nebst den preußischen Bestimmungen. Von Dr **W. v. Hippel.** — **1903.** 1,60 ℳ

Nr. **70.** Das **Reichs-Haftpflichtgesetz** vom 7. Juni 1871. Von Reg.Rat Dr **G. Eger.** — **1903** Vergriffen.

Nr. **71.** Gesetz betr. **Kinderarbeit in gewerblichen Betrieben** vom 30. März 1903. Von Ober-Verw.G.Rat **H. Spangenberg. 2. Aufl.** — **1904.** 1,80 ℳ

Nr. **72. Unfallversicherungsgesetz für Land- und Forstwirtschaft.** (1886). Von weil. Dr **E. v. Woedtke.** Siehe Nr. **108.**

Nr. **73. Entschädigung für unschuldig erlittene Verhaftung und Bestrafung.** Anhang: Nebengesetze über Schadensersatz. Von Wirkl. Geh. Kriegsrat Dr **A. Romen.** — **1904.** 2,40 ℳ

Nr. **74.** Die **Kaufmannsgerichte** nebst Ausf.-Bestimmungen. Von Prof. Dr **M. Apt. 3. Aufl.** — **1904.** 2,40 ℳ
Siehe auch Nr. **112.**

Nr. **75.** Reichsgesetz über die **Konsulargerichtsbarkeit.** Von Rechtsanwalt Dr **A. F. Vorwerk,** Schanghei. **2. Ausgabe,** mit den Schutzgebietsgesetzen. — **1908.** 2,40 ℳ

Nr. **76. Die Rechtshilfe im Verkehr mit den ordentlichen Gerichten** nach deutschem Reichsrecht. Von Landrichter Dr **A. Friedländer.** — **1906.** 2,— ℳ

Nr. **77. Das Reichserbschaftssteuergesetz.** Vom 3. Juni 1906. Von **U. Hoffmann. 3. Aufl.** in Vorbereitung.

Nr. **78. Zigarettensteuergesetz.** Vom 3. Juni 1906. Von Reg.Assessor Dr **Cuno.**

Nr. **79. Die Militärpensionsgesetze** vom 31. Mai 1906 nebst Ausf.-Bestimmungen. Zum Gebrauch für Heer, Marine

Nr. **90.** Die Haager Abkommen über das **Internationale Privatrecht.** Von Dr **G. Bogeng. — 1908.** 2,50 *M*

Nr. **91. Eisenbahn-Verkehrsordnung** mit Ausf.-Bestimmungen. Von Reg.Rat Dr **E. Blume. — 1909.** 2,80 *M*

Nr. **92.** Gesetz, betr. den **Verkehr mit Kraftfahrzeugen.** Von Amts-G.Rat **R. Kirchner. 3. Aufl. — 1915.** 4,50 *M*

Nr. **93.** Gesetz über die **Sicherung der Bauforderungen.** Von Justizrat Dr **E. Harnier. 3. Aufl. — 1912.** 1,80 *M*

Nr. **94. Haftpflicht der Reichs- und Staatsbeamten** von Dr **H. Delius. 2. Aufl.,** mit dem Gesetz über Haftung des Reichs für Beamte vom 22. Mai 1909. — **1909.** 3,80 *M*

Nr. **95.** Die Berner Übereinkunft über **Internationales Urheberrecht.** Von Geh.Rat Dr **H. Dungs. — 1910.** 1,25 *M*

Nr. **96. Branntweinsteuergesetz** vom 15. Juli 1909 mit den für das Reich erlassenen Ausf.-Bestimmungen und Kriegsverordnungen. **2. Aufl.,** bearbeitet von Reg.-Assessor Dr **K. Kniebe,** Hilfsarbeiter im Reichsamt d. Innern. — **1916.** 4,— *M*

Nr. **97. Schutzgebietsgesetz** nebst V.O. betr. die Rechtsverhältnisse in den Schutzgebieten, dem G. über die Konsulargerichtsbarkeit sowie den Ausf.-Bestimmungen. Von **J. Gerstmeyer,** Wirkl. Legationsrat und vortr. Rat im Reichskolonialamt. — **1910.** 3,40 *M*

Nr. **98. Sechs Haager Abkommen** über **Internationales Privatrecht.** Von Geh. Ob.Reg.Rat Dr **H. Dungs. — 1910.** 1,80 *M*

Nr. **99. Die Abkommen der Haager Friedenskonferenz.** Von Dr **H. Wehberg. — 1910.** 3,40 *M*

Nr. **100.** Gesetz über den **Absatz von Kalisalzen.** Von Geh. Bergrat **E. Voelkel. — 1910.** 2,60 *M*

Nr. **101. Zuwachssteuergesetz** vom 14. Februar 1911. Von Geh. Reg.Rat Dr **W. Cuno. — 1911.** 4,— M

Nr. **102. Urheberrecht an Mustern und Modellen** und Ges. betr. Schutz von **Gebrauchsmustern.** Von Reg.Rat **J. Neuberg,** Mitgl. d. Kaiserl. Patentamts. — **1911.** 2,60 M

Nr. **103. Reichs-Viehseuchengesetz** vom 26. Juni 1909 nebst Ausführungsvorschriften u. dem preuß. Ausführungsgesetz. Von Landrat Dr **W. v. Hippel. 2. Aufl. — 1912.** 5,— M

Nr. **104. Versicherungsgesetz für Angestellte** vom 20. Dez. 1911. Von Rechtsanwalt **O. Bernstein** und Dr **J. Kupferberg. 2. Aufl. — 1912.** 3,80 M

Nr. **105. Das Geldwesen in den deutschen Schutzgebieten.** Von **W. Hintze,** Geh. Sekr. im Reichskolonialamt. — **1912.** 2,25 M

Nr. **106—109. Reichs-Versicherungsordnung nebst Einführungsgesetz.** Herausgegeben unter Mitwirkung von Dr **F. Caspar,** Wirkl. Geh. Rat, Direktor im Reichsamt d. Innern und **A. Spielhagen,** Geh. Ob.Reg.Rat, vortr. Rat im Reichsamt d. Innern. **4 Bände.**

Nr. **106.** I., V. u. VI. Buch. **Gemeinsame Vorschriften. — Beziehungen der Versicherungsträger zu einander und zu anderen Verpflichteten. — Verfahren.** Von Dr **K. Lippmann,** Reg.Rat im Reichs-Vers.Amt, Geh. Reg.Rat Dr **L. Laß** und Geh. Reg.Rat **H. Siefart,** vortr. Räte im Reichsamt d. Innern. — **1913.** 6,50 M

Nr. **107.** II. Buch. **Krankenversicherung.** Von Geh. Reg.Rat **H. Siefart** und Reg.Rat Dr **F. Sitzler. — 1916.** 7,50 M

Nr. **108.** III. Buch. **Unfallversicherung.** Von Geh. Reg.Rat **A. Radtke,** Senatsvors. im R.Vers.Amt. — **1913.** 8,50 M

Nr. **109.** IV. Buch. **Invaliden- und Hinterbliebenenversicherung.** Von Geh. Ob.Reg.Rat **B. Jaup,** vortr. Rat im Reichsamt d. Innern, und **H. Follmann,** Geh. Reg.Rat im R.Vers.Amt. — **1912.** Mit Nachtrag. 1914—1916. 4,50 M

Nr. **110. Wehrbeitragsgesetz** mit Ausf.-Bestimmungen. Von Wirkl.Geh.Ob.Fin.Rat **A. Fernow. 2. Aufl. — 1913.** 2,25 M

Nr. **111. Reichs- und Staatsangehörigkeitsgesetz.** Vom 22. Juli 1913. Von Wirkl. Geh. Kriegsrat Dr **A. Romen.** — **1913.** 2,50 *M*

Nr. **112. Kaufmannsgerichtsgesetz** mit Best. des Gewerbegerichtsgesetzes. Von Dr **H. Depène,** Vors. des Kaufmannsgerichts zu Berlin. — **1914.** 2,80 *M*

Nr. **113. Postscheckgesetz.** Von Oberpostinspektor **J. Weiland.** — **1914.** Mit Nachtrag **1918.** 1,80 *M*

Nr. **113 a. Postscheckordnung** mit Ausf.-Bestimmungen. Von Oberpostinspektor **J. Weiland.** — **1914.** Mit Nachtrag **1918.** 1,80 *M*

Nr. **114. Waffengebrauch und Festnahmerecht des Militärs.** Von Wirkl. Geh. Kriegsrat Dr **A. Romen** und Kriegsgerichtsrat Dr **C. Rissom.** — **1914.** 2,25 *M*

Nr. **115. Das vertragliche Wettbewerbsverbot [Konkurrenzklausel].** Nebst Kommentar zum G. v. 10. Juni 1914. Von Rechtsanwalt Dr **G. Baum.** — **1914.** 3,40 *M*

Nr. **116. Kriegs-Zivil- und -Finanzgesetze** vom 4. Aug. 1914 und den dazu erlassenen Verordnungen und Bekanntmachungen. **3. Aufl.** — **1915.** 2,60 *M*

Nr. **116 a.** Zweite Folge: Das Jahr 1915. — **1916.** Siehe auch Nr. 129. 2,25 *M*

Nr. **117. Darlehnskassengesetz.** Von Rechtsanwalt **Salomon** und Bankvorsteher **Bud.** — **1915.** 2,25 *M*

Nr. **118. Militärhinterbliebenengesetz.** Von Rechn.Rat **Reh.** Mit Nachtrag, enth. das **Kapitalabfindungsgesetz** vom 11. Juli 1916. — **1915.** 2,80 *M*

Nr. **119. Kriegsleistungsgesetz.** Von Rechtsanwälten J.Rat **Heilberg** und **Schäffer.** — **1915.** 3,20 *M*

Nr. **120. Telegraphenwegegesetz.** Von Postreferendar **Wolf.** — **1916.** 1,80 *M*

Nr. **121. Direkte Kriegssteuer.** Gesetze z. Besteuerung der Kriegsgewinne. Von Ob.Verw.G.Rat **A. Mrozek.** — **1916.** 4,50 *M*

Nr. **122. Gesetz über den Belagerungszustand.** Von Kriegsgerichtsrat Dr **H. Pürschel.** — **1916.** 5,— *M*

Nr. **123. Warenumsatzstempel.** Von Geh. Ober-Justizrat **Lindemann. — 1916.** 2,50 ℳ
Umsatzsteuergesetz. — 1918. Siehe Nr. 132.

Nr. **124. Todeserklärung Kriegsverschollener.** Von Prof. Dr **J. Partsch. — 1916.** 3,— ℳ

Nr. **125.** Das Gesetz über den **vaterländischen Hilfsdienst** mit Einleitung u. Materialien. **3. vermehrte Aufl. — 1917.** 1,50 ℳ

Nr. **126. Besitzsteuergesetz** mit Ausf.-Bestimmungen. Von Ob.Verw.G.Rat **A. Mrozek. — 1917.** 6,— ℳ

Nr. **127.** Verordnung über die **Geschäftsaufsicht zur Abwendung des Konkurses** vom 14. Dez. 1916. Von Rechtsanwalt **G. Klien,** mit system. Einleitung von Geh. Hofrat Dr **Ernst Jaeger** ord. Prof. a. d. Universität Leipzig. **— 1917.** 2,— ℳ

Nr. **128.** Gesetz betr. die **Verhaftung und Aufenthaltsbeschränkung** vom 4. Dez. 1916. Nebst Anhang, betr. Entschädigung unschuldig Verhafteter. Von Wirkl. Geh. Kriegsrat Dr **A. Romen. — 1917.** 2,50 ℳ

Nr. **129.** Kriegsgesetze auf dem Gebiete des **Zivil- und Prozeßrechtes,** für die gerichtliche Praxis zusammengestellt von Amtsrichter Dr **Johannes Fischer. — 1918.** 4,— ℳ

Nr. **130. Ersatzlebensmittelverordnung** vom 7. März 1918 nebst Ausführungsvorschriften des Reichs und der wichtigsten Bundesstaaten. Verordnungen über **Schleichhandel, Preistreiberei und Papierhandel** mit preußischen Ausführungsbestimmungen. Von **Heinz Emil Wendel,** Königl. Polizeirat in Berlin. **— 1918.** etwa 2,50 ℳ

Nr. **131 a. Reichsfinanzgesetzgebung 1918.** Bd. I. **Getränkesteuern** (Bier, Branntwein, Wein, Schaumwein, Limonaden). Von Dr. **G. Mayer.** Im Druck.

Nr. **131 b. Reichsfinanzgesetzgebung 1918.** Bd. II. **Abgabe** vom **Einkommen, Umsatz, Kriegsgewinn** usw., **Steuerflucht.** Von Dr. **G. Mayer.** Im Druck.

Nr. **132. Umsatzsteuergesetz** und Ausführungsbestimmungen. Von Geh. Ober-Justizrat **Otto Lindemann,** vortr. Rat im Justizministerium. Im Druck.

Nr. **133. Reichswuchergesetzgebung.** Von Reichsgerichtsrat Dr. **Ad. Lobe.** Im Druck.

Guttentagsche Sammlung

Preußischer Gesetze.

Text-Ausgaben mit Anmerkungen. Taschenformat.

Nr. 1. Die **Verfassungs-Urkunde** für den Preußischen Staat. Mit Einleitung, vollständigem Kommentar. Von Prof. Dr **A. Arndt. 7. Aufl. — 1911.** 4,50 M

Nr. 2. Preußische **Beamten-Gesetzgebung.** Enth. die wichtigsten Beamtengesetze in Preußen. Von **K. Pfafferoth. 5. Aufl. — 1916.** 3,— M

Nr. 3. **Aufnahme** von **Nottestamenten** durch die bestellten Urkundspersonen. Anweisung mit Musterbeispielen. Von Amts-G.Rat **E. Kurtz. — 1904.** 1,80 M

Nr. 4. **Gebührenordnung** für **Notare** vom 25. Juli 1910. **5. Aufl.** von Justizrat **Kausnitz. — 1917.** 5,— M

Nr. 5. Gesetz vom **24. April 1854 [betr. die außerehel. Schwängerung].** Von Dr **Schulze. — 1873.** 0,75 M
Reichs-Recht siehe: Reichsgesetze Nr. **58.**

Nr. 6. Die Preuß. **Ausführungsgesetze und Verordnungen zu den Reichs-Justizgesetzen.** Von **R. Sydow.**
Ersetzt durch Busch-Eylau, Ausführungsgesetze.

Nr. 7. Allg. **Gerichtsordnung** und Preuß. **Konkursordnung.** Von **F. Vierhaus.** Vergriffen.

Nr. 8. **Vormundschaftsordnung.** Von **F. Schultzenstein.**
Reichs-Recht siehe: Reichsgesetze Nr. **47.**

Nr. 9. Die Preußische **Grundbuchgesetzgebung.** Von **Prof.** Dr **Fischer.** Vergriffen siehe: Reichsgesetze Nr. **42.**

Nr. **10. Einkommensteuergesetz.** Von Wirkl. Geh. Ob. Finanzrat **A. Fernow. 8. Aufl.** Mit Nachtrag: Erhöhung der Zuschläge vom **8. Juli 1916. — 1913.** Neue Auflage in Vorbereitung.
Vergriffen! — Neue Auflage in Vorbereitung.

Guttentagsche Sammlung Preußischer Gesetze.

Nr. 11. **Gewerbesteuergesetz.** Von Wirkl. Geh. Ob. Fin. Rat **A. Fernow. 6., vermehrte Aufl. — 1915.** 4,80 ℳ

Nr. 12. **Allgemeines Berggesetz.** Mit seinen Novellen und Nebengesetzen. **3. Aufl.,** bearbeitet von den Oberbergräten **Schlüter** und **Hense. — 1913.** 8,— ℳ

Nr. 13. **Ergänzungssteuergesetz** (Vermögenssteuergesetz). Von Wirkl. Geh. Ob. Fin. Rat **A. Fernow. 5. Aufl.** Mit Nachtrag, enth. Ges. betr. Erhöhung der Zuschläge vom 8. Juli 1916. **— 1914.** 4,50 ℳ

Nr. 14. **Kommunalabgabengesetz.** Vom 14. Juli 1893 und Ges. wegen Aufhebung direkter Staatssteuern. Von Oberbürgermeister Dr **F. Adickes. 5. Aufl.** bearbeitet von Stadtrat Dr **Woell. — 1911.** 2,60 ℳ

Vergriffen, neue Auflage in Vorbereitung.

Nr. 15. Die **Kreisordnungen** für den Preußischen Staat. Von Land-G. Rat **O. Kolisch. — 1894.** 4,20 ℳ

Nr. 16. **Konzessionierung gewerblicher Anlagen.** Von Geh. Reg. Rat Dr **W. v. Rüdiger. 2. Aufl. — 1901.** 2,— ℳ

Nr. 17. Preußisches **Gerichtskostengesetz.** Vom 25. Juli 1910. Mit Kostentabellen. Von Kammer-G. Rat Dr **P. Siméon. 7. Aufl. — 1913.** Mit Nachtrag: Abänderungen vom 17. Febr. 1917. 4,50 ℳ

Nr. 18. Preußisches **Stempelsteuergesetz** vom 30. Juni 1909. Mit sämtlichen Ausf.-Bestimmungen. Von **P. Loeck. 8. Aufl.** von Reg. Rat **W. Seyffarth. — 1914.** 9,— ℳ

Nr. 19. Das **Jagdscheingesetz.** Von Wirkl. Geh. Ob. Reg. Rat **F. Kunze. 2. Aufl. — 1899.** 2,25 ℳ

Nr. 20. Die **preußischen Erbschaftssteuergesetze.** Von Rechn. Rat **U. Hoffmann. — 1905.** 4,— ℳ

(**Reichs**-Erbschaftssteuergesetz siehe Reichsgesetze Nr. **77**).

Nr. 21. Gesetz über die **Handelskammern.** Von Min. Dir. **F. Lusensky. 2. Aufl. — 1909.** 3,40 ℳ

Nr. 22. Gesetz, betr. **Anstellung und Versorgung der Kommunalbeamten.** Von Dr **W. Ledermann.** **2. Aufl.**, bearbeitet von Dr **L. Brühl.** — **1914.** 2,40 *M*

Nr. 23. **Ausführungsgesetz zum Bürgerlichen Gesetzbuche.** Von Kammer-G.Rat Dr **P. Siméon.** **3. Aufl.** — **1914.** 2,40 *M*

Nr. 24. Die **Hinterlegungsordnung. (1870)** Von Reg.Rat Dr **G. Bartels.** **2. Aufl.** — **1908.** 2,— *M*
——, Abänderungsgesetz vom 21. April 1913 siehe Nr. **53.**

Nr. 25. **Preußische Kommunalbeamtengesetzgebung.** Von Mag.Assessor Dr **F. Kremski,** Berlin. — **1901.** 3,40 *M*

Nr. 26. Gesetze über das **Diensteinkommen der Lehrer und Lehrerinnen, Ruhegehalt und Hinterbliebenenfürsorge.** Tabelle zur Berechnung der Ruhegehalts-, Witwen- und Waisenbezüge. Von Bürgermeister Dr **E. Cremer.** — **1900.** 2,60 *M*

Nr. 27. Gesetz, betr. die **Warenhaussteuer.** Von Geh. Ob.Fin.Rat Dr **G. Strutz.** — **1900.** 1,50 *M*

Nr. 28. Die **Fürsorgeerziehung Minderjähriger.** Von Geh. Justizrat Dr **P. F. Aschrott.** Mit Ausführungsbestimmungen und allen wichtigeren Ministerialerlassen. **3. Aufl.** — **1917.** 5,— *M*

Nr. 29. Gesetz, betr. **die ärztlichen Ehrengerichte, das Umlagerecht und die Kassen der Aerztekammern.** Von Amts-G.Rat Dr **F. Fidler.** — **1901.** 1,80 *M*

Nr. 30. Das **Preußische Staatsschuldbuch** und **Reichsschuldbuch.** Von Wirkl. Geh. Ob.F.Rat **F. Mücke.** — **1902.** 2,— *M*

Nr. 31. **Die geltenden Preußischen Gesindeordnungen. Zwei Bände.** Von Rechtsanwalt **St. Gerhard.**
31 a. Gesindeordnung für die altpreußischen Provinzen vom 8. Nov. 1810, unter Berücksichtigung der Ergänzungsgesetze, der Rechtsverhältnisse der Stellenvermittler und

Reichsversicherungsordnung, sowie die Gesindeordnungen für Neuvorpommern und Rügen und für die Rheinprovinz. **2. Aufl. — 1914.** 3,40 *M*

31 b. Gesindeordnungen für Hannover, Schleswig-Holstein, Hessen-Nassau und den Regierungsbezirk Hohenzollern. — **1902.** 2,80 *M*

Nr. **32. Die Städteordnung für die sechs östlichen Provinzen Preußens.** Von Dr **W. Ledermann** u. Dr **L. Brühl. 2. Aufl. — 1913.** 7,50 *M*

Nr. **33. Rentenguts- und Anerbenrechts-Gesetzgebung in Preußen.** Von Land-G.Rat **M. Peltasohn** und Rechtsanwalt **B. Peltasohn. — 1903.** 3,40 *M*

Nr. **34.** Sammlung der wichtigsten **preußischen Strafgesetze** nebst Ges., betr. polizeil. Strafverfügungen vom 23. April 1883. Von Geh. Ob.J.Rat. **Lindemann. 2. Aufl. — 1912.** 3,60 *M*

Nr. **35. Geschäftsordnung für Gerichtsvollzieher.** Von **E. Exner. — 1904.** 3,50 *M*

Nr. **36. Polizeiverordnungen in Preußen.** Von Geh. Ob.J.Rat **O. Lindemann. — 2. Aufl. 1912.** 2,60 *M*

Nr. **37.** Gesetz, betr. **Enteignung von Grundeigentum** vom 11. Juni 1874. Von Ob.L.G.Rat **O. Meyer. 2. Aufl. — 1911.** 2,50 *M*

Nr. **38. Kreis- und Provinzial-Abgabengesetz** vom 23. April 1906. Von Gemeindevorsteher **F. Schmidt. — 1906.** 1,50 *M*

Nr. **39.** Gesetz, betr. die **Unterhaltung der öffentlichen Volksschulen.** Von Reg.Rat Dr **A. Marcks. — 1906.** 2,25 *M*

Nr. **40. Verwaltungsstrafverfahren** bei Zuwiderhandlungen gegen die Zollgesetze und indirekte Reichs- und Landesabgaben. Von Dr **R. Katzenstein. — 1907.** 4,— *M*

Nr. **41.** Die **preußischen Jagdpolizeigesetze.** Von Wirkl. Geh. Ob.Reg.Rat **F. Kunze** und Rechtsanwalt **R. Kühnemann. 2. Aufl. — 1907.** 4,— ℳ

Nr. **42.** Die Gesetzgebung über die **Allgemeine Landesverwaltung** und **Zuständigkeit der Verwaltungs- und Verwaltungsgerichtsbehörden.** Von Dr **K. Friedrichs. — 1908.** 3,40 ℳ

Nr. **43.** Gesetz, betr. die **Zulassung einer Verschuldungsgrenze** für land- und forstwirtschaftlich benutzte Grundstücke. Von Syndikus Dr **R. Leweck. — 1908.** 2,60 ℳ

Nr. **44. Quellenschutzgesetz** nebst den Ausführungsbestimmungen. Von Geh. Bergrat **C. Voelkel. — 1909.** 1,25 ℳ

Nr. **45. Rechtsverhältnisse der Juden in Preußen.** Von Rechtsanwalt Dr **M. Kollenscher. — 1910.** 2,60 ℳ

Nr. **46.** Gesetz betr. **Austritt aus der Landeskirche** vom 14. Mai 1873. Von Ger.-Assessor **H. Caro. — 1911.** 2,60 ℳ

Nr. **47.** Gesetz, betr. die **Feuerbestattung.** Von Amts-G.Rat Dr **W. Lohmann. — 1912.** 1,60 ℳ

Nr. **48. Zweckverbandsgesetz für Groß-Berlin** vom 19. Juli 1911 nebst Abdruck des allgemeinen Zweckverbandsgesetzes. Von den Magistratsräten Dr **L. Brühl**, Dr **K. Gordan** und Stadtrat Dr **W. Ledermann. — 1912.** 4,50 ℳ

Nr. **49. Gesetze gegen die Verunstaltung landschaftlich hervorragender Gegenden** mit Ausf.-Anweisungen. Von Reg.Rat **O. Goldschmidt. — 1912.** 2,60 ℳ

Nr. **50. Gesetz, betr. die Anlegung und Veränderung von Straßen und Plätzen in Städten und ländlichen Ortschaften.** Von Oberlandgerichtsrat **O. Meyer. — 1913.** 3,40 ℳ

Nr. **51. Das preußische Disziplinargesetz für die nichtrichterlichen Beamten** und die Privatdozenten. Von Reg.Rat Dr **E. v. Dultzig. — 1914.** 4,80 ℳ

Guttentagsche Sammlung Preußischer Gesetze.

Nr. **52. Preußisches Wassergesetz** v. 7. April 1913. Von den Rechtsanwälten **G. Wulff** und **F. Herold. — 1913.** 5,50 *M*

Nr. **53. Hinterlegungsordnung** v. 21. April 1913. Von Landrichter **Hagemann. — 1914.** 2,50 *M*

Nr. **54.** Gesetz betr. **Anlegung von Sparkassenbeständen in Inhaberpapieren** nebst Ausf.-Verordnung **vom 8.** Mai 1913. Von Rechtsanwalt **H. Döhring. — 1914.** 2,25 *M*

Nr. 55. **Preußisches Wohnungsgesetz** und **Bürgschaftssicherungsgesetz.** Von Hochschulprofessor Dr. jur. **Schmittmann. — 1918.** Im Druck.

Guttentagsche Sammlung
von
Textausgaben mit Sachregister **ohne** Anmerkungen.
Taschenformat, elegant in Leinen gebunden.

Bürgerliches Gesetzbuch nebst **Einführungsgesetz**. 10. Abdruck. 2,50 M

Handelsgesetzbuch nebst **Einführungsgesetz** und **Seerecht. 8. Abdruck. — 1910.** 2,— M

Konkursordnung mit **Einführ.ges. 2. Aufl. — 1915.** 1,— M

Kriegsgewinnsteuer. — 1916. 0,60 M

Die Kriegssteuergesetze. 2. Aufl. — 1917. 2,00 M

Militärstrafgerichtsordnung m. **Einführ.ges. — 1901.** 1,50 M

Militär-Strafgesetzbuch. 2. Aufl. — 1916. 1,20 M

Reichsfinanzgesetze von 1909 einschließlich der **Reichsstempelgesetze** und des **Erbschaftssteuergesetzes. — 1909.** 2,— M

Reichsversicherungsordnung (Kranken-, Unfall-, Invaliden- u. Hinterbliebenenvers.). **20.—30. Tausend. — 1914.** 2,— M

Strafgesetzbuch. — 1912. 1,20 M

Strafprozeßordnung. 2. Aufl. — 1915. 1,50 M

Verkehrs- und Kohlensteuer und **Kriegssteuerzuschlag. — 1917.** 2,— M

Versicherungsgesetz für Angestellte. — 1911. 1,25 M

Wechselordnung mit Anhang: **Wechselprozeß und Ausführungsanweisung. — 1908.** 1,— M

Wehrbeitrag und **Besitzsteuer.** Mit ausführlichem Sachregister. **— 1913.** 1,— M

Zivilprozeßordnung mit **Gerichtsverfassungsgesetz** und **Einführungsgesetzen.** Neueste Fassung. **— 1914.** 2,— M

Zuwachssteuergesetz. — 1911. 0,80 M

— — Ausführungsbestimmungen. — 1911. 0,60 M

Preußische Ausführungsanweisung zur **Gewerbeordnung** nebst der technischen Anleitung. **— 1904.** 2,25 M

Schlagwort-Register

R. = Nummer der Sammlung Deutscher **Reichs**gesetze.
P. = Nummer der Sammlung **Preußischer** Gesetze.
S. = Seite.

Abzahlungsgeschäfte R. 34.
Aerztekammern P. 29.
Aerztliche Ehrengerichte P. 29.
Aktienrecht R. 24, 26.
Altersversicherungsgesetz R. 109.
Anerbenrechtsgesetz P. 33.
Anfechtungsgesetz R. 13.
Angestelltenvers.-G. R. 104, S. 21.
Anlegung von Straßen P. 50.
Arbeiterschutzgesetz R. 6, 116a.
Arbeiterversicherungsgesetze R. 20. 23, 28, 57, 106—109, S. 21.
Arzneimittel R. 6, 64.
Aufenthaltsbeschränkung, Verhaftung R. 128.
Ausführungsgesetze z. BGB. P. 23, S. 21.
Ausführungsgesetze zu d. Reichsjustizgesetzen P. 6.
Ausgleichsverordnung R. 127.
Auslieferungsverträge R. 86.
Austritt a. d. Landeskirche P. 46.
Auswanderungsgesetz R. 9, 44.
Automobilgesetz R. 92, 116a.

Bankgesetz R. 26, 116.
Baufluchtengesetz P. 50.
Bauforderungsschutz R. 93.
Bauunfallversicherungsgesetz R. 28, 108.
Beamtengesetze R. 10, 82, 94, P. 2.
Bekämpfung gemeingefährlicher Krankheiten R. 56.
Belagerungszustand R. 114, 122, P. 34.
Berggesetz P. 12.
Beschlagnahme von Lohn- und Gehaltsforderungen R. 55.
Besitzsteuergesetz R. 126, S. 21.
Beurkundung des Personenstandes R. 59.
Bier, Abgabe vom, R. 131a.
Binnenschiffahrtsgesetz R. 36.
Blei- und zinkhaltige Gegenstände R. 9.
Börsengesetz R. 41.
Börsensteuergesetz R. 18.
Branntweinsteuer R. 96, 131a.
Brausteuererhebung R. 25.
Bundes- u. Staatsangehörigkeit R. 8, 111.
Bürgerl. Gesetzbuch R. 38/39 S. 21.
Bürgschaftssicherung P. 55.

Chausseegeld P. 34.
Civilprozeßordnung R. 11, S. 21.

Dampfkesselbetrieb R. 6, P. 34.
Darlehnskassengesetz R. 117.
Depotgesetz R. 40.
Diensteinkommen der Lehrer u. Lehrerinnen P. 26.
Dienstboten siehe Gesinde.
Disziplinargesetze P. 51.
Drogenhandel R. 48, 64.

Eheschließungsgesetz R. 59.
Einkommensteuergesetz P. 10.
Eisenbahngesetzgebung R. 66, 35.
Eisenbahnverkehrsordnung R. 91.
Elektrizitäts-Diebstahl R. 2.

Enteignung v. Grundeigent. P. 37.
Entmündigungsgesetz R. 45.
Entschädigung freigesprochener Personen R. 12, 73.
— unschuldig Verhafteter und Verurteilter R. 12, 73.
Entziehung elektr. Arbeit R. 2.
Erbschaftssteuergesetz R. 77, P. 20.
Ergänzungssteuergesetz P. 13.
Ersatzlebensmittel R. 130.
Erwerbs- u. Wirtschaftsgenossenschaften R. 29.

Fahrkartensteuer R. 18.
Farbengesetz R. 9, 48.
Farbenhandel R. 48.
Feingehalt der Gold- u. Silberwaren R. 9.
Feld- u. Forstpolizeigesetz P. 34.
Festnahmerecht des Militärs R. 114.
Feuerbestattungsgesetz P. 47.
Feuerversicherung P. 34.
Fischereigesetz P. 34.
Fleischbeschaugesetz R. 9, 54, 68.
Flößereigesetz R. 36.
Fluchtlinien-Gesetz P. 50.
Forstdiebstahl P. 34.
Frachturkundensteuer R. 18.
Freiwillige Gerichtsbarkeit R. 46.
Freizügigkeit R. 8.
Fürsorgeerziehung Minderjähriger R. 47 P. 28.

Gast- u. Schankwirtschaftsgehilfen R. 6.
Gebrauchsgegenstände, Verkehr mit R. 9, 54.
Gebrauchsmusterschutzgesetz R. 9, 84, 102, 116, 116a.
Gebührengesetz, preußisches, für Rechtsanwälte und Gerichtsvollzieher R. 17.
Gebührenordnung für Gerichtsvollzieher R. 15.
Gebührenordnung für Notare P. 4.
Gebührenordnung für Rechtsanwälte R. 17.
Gebührenordnung für Zeugen und Sachverständige R. 15.
Gehaltsforderungen, Beschlagnahme von R. 55.
Geldwesen d. Kolonien R. 105.
Genehmigung gewerblicher Anlagen P. 16.
Genossenschaftsgesetz R. 29.
Genußmittel, Verkehr mit R. 9, 54.
Gerichtsbarkeit, freiwillige R. 46.
Gerichtskostengesetz, deutsches R. 15.
Gerichtskostengesetz, preußisches P. 17.
Gerichtsordnung, preußische P. 7.
Gerichtsverfassungsgesetz R. 14, 11, 12, S. 21.
Gerichtsvollzieher-Gebührenordnung R. 15.
Geschäftsaufsicht zur Abwendung des Konkurses R. 116, 126.
Geschäftsordnung für Gerichtsvollzieher P. 35.
Gesellschaften mit beschränkter Haftung R. 32, S. 31.
Gesetzbuch, Bürgerliches R. 38/39 S. 21.
Gesetzestafel d. deutschen Reichsrechts R. 63.

Gesindedienstpflichten P. 34.
Gesindeordnungen, preußische P. 31 a, 31 b.
Gesundheitswesen R. 27.
Getränkesteuer R. 131 a.
Getreidebeschlagnahme R. 116.
Gewerbebetrieb im Umherziehen R. 6, P. 34.
Gewerbegerichte R. 31, 112.
Gewerbeordnung R. 6.
Gewerbesteuergesetz, preuß. P. 11.
Gewerbeunfallversicherung R. 23.
Gewerkschaften, Gewerkvereine, Vereins- u. Versammlungsrecht R. 88.
Gifthandel R. 48, 64.
Gold- u. Silberwaren-Feingehalt R. 9.
Grundbuchordnung R. 42.
Grundbuchgesetzgebung, preußische P. 9.
Grundeigentum, Enteignung v. P. 37.

Haager Friedenskonferenz R. 99.
Haftpflichtgesetz R. 70, 94.
Handelsgesetzbuch R. 4, S. 21.
Handelskammergesetz P. 21.
Handfeuerwaffen R. 9.
Handwerkergesetz R. 6.
Hilfsdienst, Vaterländischer R. 125.
Hilfskassen, eingeschr. R. 20.
Hinterlegungsordnung P. 24, 53.
Hinterbliebenenversicherung R. 109, S. 21.
Höchstpreise R. 116.
Hypothekenbankgesetz R. 51.

Jagdpolizeigesetz P. 34, 41.
Jagdscheingesetz P. 19. 34.
Inhaberpapiere m. Prämien R. 9.
Innere Unruhen R. 114.
Internationales Privatrecht R. 90, 98.
Invalidenversicherung R. 30, 109, S. 21.

Kaligesetz R. 100.
Kapitalabfindungsges. R. 79 b, 118
Kaufleute, Pflichten bei Aufbewahrung v. Wertpapier. R. 40.
Kaufmannsgerichte R. 112.
Kiautschou-Gebiet, militärische Strafrechtspflege im R. 3.
Kinder, Recht d. unehel. R. 58.
—, Unterbringung verwahrloster R. 47, P. 28.
Kinderarbeit, gewerbl. R. 2, 71.
Kinderschutzgesetz R. 71.
Kohlensteuer S. 21.
Kolonialgesetzgebung R. 49, 105.
Kommunalabgabengesetz P. 14.
Kommunalbeamtengesetz P. 22.
Kommunalbeamtenrecht P. 25.
Konkurrenzklausel R. 115.
Konkursordn. R. 13, 127, S. 21.
Konkursordnung, preuß. P. 7.
Konsulargerichtsbarkeit R. 75.
Konsulargesetzgebung R. 21, 75.
Konzessionierung gewerbl. Anlagen P. 16.
Kraftfahrzeuge R. 18, 92, 116 a.
Krankenversicherungsgesetz R. 20, 107, S. 21.
Kreisabgabengesetz P. 38.
Kreisordnungen P. 15.
Kriegsgewinn R. 121, 131 b, S. 21.

Schlagwort-Register. (R. = Reichsgesetz, P. = preuß. Gesetz.)

Kriegsleistungsgesetz R. 119.
Kriegsteilnehmer R. 116, 116a.
Kriegsverschollenen-Todeserklärung R. 124.
Kriegs-Zivil-Prozeß- und Finanzgesetz R. 116, 116a, 129.
Kunstschutzgesetz R. 81.

Ladenschluß R. 6.
Landeskirche P. 46.
Landestrauer P. 34.
Landesverwaltungsgesetz P. 42.
Lehrergehalts- und Pensionsgesetze P. 26.
Limonaden R. 131a.
Literaturschutz R. 60, 95.
Lohnforderungen, Beschlagnahme von R. 55.
Lotteriespiel P. 34.

Mannschaftsversorgungsgesetz R. 79 b.
Margarinegesetz R. 9, 54.
Medizinalgesetzgebung R. 27.
Militärhinterbliebenenges. R. 118.
Militärpensionsgesetze R. 79.
Militärische Geheimnisse, Verrat R. 9, 84.
Militärstrafgerichtsordnung R. 3, S. 21.
Militärstrafgesetzbuch R. 67, S. 21.
Minderjährige, Fürsorgeerziehung für R. 47, P. 28.
Mineraliengewinnung und Aneignung P. 34.
Mineralwässer R. 131a.
Mobiliar-Feuerversich. P. 84.
Modellschutzgesetzgebung R. 9, 102.
Münzwesen R. 26, 116, 116a.
Musterschutzgesetz R. 9, 102.

Nahrungsmittel R. 9, 54, 65, 130.
Naturalleistung f. d. bewaffnete Macht R. 69.
Notare, Gebührenordnung für preußische P. 4.
Notenbankwesen R. 26.
Nottestament P. 3.

Offizierpensionsgesetz R. 79 a.

Papierhandel R. 130.
Patentgesetz R. 9, 22, 116, 116a.
Personenstandsgesetz R. 2, 9, 59.
Pensionsgesetze R. 10, 79, P. 2, 26.
Photographieschutz R. 9, 81.
Polizeiverordn. in Preußen P. 36.
Postgesetze R. 7.
Postscheckgesetz R. 113.
Postscheckordnung R. 85, 113 a.
Preistreiberei R. 130.
Preßgesetz R. 9, 53.
Preußische Verfassung P. 1.
Privatbeamtenvers.-Ges. R. 104, S. 21.
Privatrechtl. Reichsges. R. 84, 90.
Provinzialabgabengesetz P. 38.

Quellenschutzgesetz P. 44.

Rayongesetz R. 84.
Reblausgesetz R. 84, P. 34.
Rechte der Besitzer von Schuldverschreibungen R. 52.
Rechtsanwalts-Gebührenordnung R. 17.
Rechtsanwaltsordnung R. 16.
Rechtshilfe R. 76.
Rechtsverhältnisse d. Juden P. 45.
Registerführung, gerichtl. R. 80.
Reichsbeamtengesetz R. 10, 82.
Reichseisenbahngesetzgebung R. 35, 66.

Reichserbschaftssteuer R. 77.
Reichsfinanzgesetze R. 131, S. 21.
Reichsgewerbeordnung R. 6.
Reichsgrundbuchordnung R. 42.
Reichs-Justizgesetze R. 11, 12, 13.
Reichskassenscheine R. 9. 116.
Reichsmilitärgesetz R. 84.
Reichspreßgesetz R. 53.
Reichsschuldbuch P. 30.
Reichsseuchengesetz R. 9, 56.
Reichsstempelgesetz R. 18.
Reichsverfassung R. 1.
Reichsviehseuchenges. R. 103.
Reichsversicherungsordnung R. 106—109, S. 21.
Reichswuchergesetzgebung R. 133.
Rentengutsgesetze P. 33.
Rinderpest R. 9.

Saccharingesetz R. 9, 54.
Schadensersatz an unschuldig Verhaftete u. Verurteilte R. 73.
Schaumwein R. 131a.
Scheckgesetz R. 85. 113.
Schlachthäuser P. 34.
Schlachtviehgesetz R. 9, 54, 68.
Schleichhandel R. 130.
Schonzeit des Wildes P. 34.
Schuldverschreibungsgesetz R. 52.
Schulunterhaltungsgesetz P. 39.
Schutzgebietsgesetz R. 75, 97, 105.
Schutzhaftgesetz R. 128.
Schutztruppe, Strafverfahren R. 8, Pension R. 79.
Schwängerung, außereheliche R. 58, P. 5.
Seegesetzgebung R. 19.
Seerecht siehe HGB. Text.
See-Unfallversich.-G. R. 57, 108.
Seuchengesetz R. 56.
Sklavenhandel R. 9.
Sozialpolitische Gesetze R. 20, 23, 28, 30, 57, 72, 104, 106 bis 109, 116, 116a.
Sparkassengesetz P. 54.
Spionagegesetz R. 67.
Sprengstoffgesetz R. 2, 9.
Staatsangehörigkeit, Erwerb u. Verlust R. 8, 111.
Staatsschuldbuch P. 30.
Staatssteuern, Gesetz betr. Aufhebung direkter P. 14.
Städteordnung für die 6 östlichen Provinzen P. 32.
Stempelsteuerges. f. Preuß. P. 18.
Stempelsteuergesetz für das Reich R. 18.
Steuerflucht R. 131b.
Steuergesetze R. 5, 18, 25, P. 10, 11, 13, 14, 18, 20, 27.
Strafgesetzbuch R. 2, S. 21.
Strafgesetze, preußische P. 34.
Strafprozeßordnung R. 12, S. 21.
Strafrechtliche RG. R. 9.
Straßen- u. Baufluchtenges. P. 50.
Subhastationsgesetz R. 43.
Süßstoffe, künstliche R. 9, 54, 64.

Tantiemensteuer R. 18.
Telegraphengesetze R. 7.
Telegraphenwegegesetz R. 120.
Testamentsrecht P. 3.
Todeserklärung Kriegsverschollener R. 124.

Umsatzsteuer R. 131b, 132.
Uneheliche Kinder R. 58.
Unfallversicherungsgesetze R. 23, 28, 57, 72, 108, S. 21.

Unlauterer Wettbewerb R. 37.
Unterbringung verwahrloster Kinder R. 47, P. 28.
Unterhaltg. d. Volksschulen P. 39.
Unterstützungswohnsitz R. 8.
Urheberrechtsgesetze R. 9, 60, 22, 81, 95 102.

Vereinsgesetz R. 88.
Vereins- u. Versammlungsrecht R. 33, 88, P. 34,
Verfälschung v. Nahrungsmitteln R. 54, Wein R. 65.
Verfassung, Reich R. 1.
Verfassung, preußische P. 1.
Verhaftung und Aufenthaltsbeschränkung R. 128.
Verkehrsabgaben P. 34.
Verkehrs- u. Kohlensteuer, Kriegssteuerzuschlag S. 21.
Verlagsrecht R. 61.
Vermögenssteuergesetz P. 13.
Verrat militär. Geheimnisse R. 2, 9, 67.
Verschuldungsgrenze P. 43.
Versicherungsvertrag R. 83.
Versicherungsunternehmungen, private R. 62.
Versorgung der Kommunalbeamten P. 22.
Verunstaltung landschaftlich hervorragender Gegenden P. 49.
Verwaltungsstrafverfahren P. 40.
Verwendung gesundheitsschädlicher Farben, Nahrungsmittel, Wein R. 54, 65, 130.
Viehkauf (Viehgewährschaft) und Viehhandel R. 50.
Viehseuchengesetz R. 84, 103.
Vogelschutzgesetz R. 89.
Volksernährung R. 116, 116a.
Vormundschaftsordnung, preußische P. 8.
Vormundschaftsrecht, Deutsches R. 47.

Waffengebrauch R. 114.
Wald- und Wassergenossenschaft P. 34.
Wandergewerbebetrieb P. 34.
Warenzeichenrecht R. 9,87, 116, 116a.
Warenhaussteuergesetz P. 27.
Warenumsatzstempel R. 18, 123.
Wassergesetz P. 52.
Wechselordnung R. 5, S. 21.
Wechselstempelsteuergesetz R. 5.
Wehrbeitragsgesetz R. 110, S. 21.
Weingesetz R. 9, 54, 64, 65, 131a.
Wertpapiere, Depotgesetz R. 40.
Wettbewerb, Bekämpfung unlauteren R. 37.
Wettbewerbsverbot R. 115.
Wild-Schonzeit P. 34.
Wirtschaftliche Maßnahmen aus Anlaß des Krieges R. 116, 116a.
Wohnungsgesetz P. 55.
Wuchergesetz R. 2, 133.

Zeugengebühr R. 15.
Zigarettensteuergesetz R. 78.
Zivilprozeßordnung R. 11, S. 21.
Zuständigkeitsgesetz P. 42.
Zuwachssteuergesetz S. 21, R. 101.
Zwangserziehung R. 47.
Zwangsversteigerung an Immobilien R. 43.
Zwangsvollstreckungsgesetz R. 43.
Zweckverbands-Gesetz P. 48.